Gut vorbereitet?

BEWUSSTER UMGANG
MIT DER ENDLICHKEIT

KATJA CASPARI
KATJA KIRCHNER

Gut vorbereitet?
Bewusster Umgang
mit der Endlichkeit

Katja Caspari, Katja Kirchner

1.Auflage

ISBN 978-3-7597-9270-9
Verlag: BoD · Books on Demand GmbH, In de Tarpen 42,
22848 Norderstedt
Druck: Libri Plureos GmbH, Friedensallee 273,
22763 Hamburg
Umschlagfoto: Canva

www.freirede.de

In Liebe erinnern.

Inhaltsverzeichnis

Vorwort

Kann man sich auf die Endlichkeit vorbereiten? Wenn ja, wie? Diese und andere Fragen zum Thema „Umgang mit der Endlichkeit“ möchten wir Ihnen näherbringen. Als Trauerrednerinnen erleben wir in der Praxis unterschiedliche Verhaltensweisen. Doch wir wollten noch mehr über Tod und Trauer erfahren und Möglichkeiten aufdecken, wie wir uns alle auf diese Zeit „gut“ vorbereiten können. Aus dieser Reise ist ein für uns wertvoller Wissensschatz geworden, den wir gerne teilen. So ist die Idee zu diesem Buch entstanden, das die Endlichkeit in vielen Facetten durchleuchtet, die unterschiedlichen Haltungen zum Tod beschreibt und sich mit der Frage beschäftigt, was bleibt. Wir möchten Ihnen mit diesem Buch neben aktuellen Entwicklungen, praktischen Handlungsempfehlungen, Übungen und Checklisten auch die Angst nehmen, sich mit dem Thema auseinanderzusetzen. Vielleicht gelingt es uns sogar, Ihnen einen „heilsamen“ Zugang zur Trauer zu vermitteln, denn das ist unser Antrieb und unser Wunsch für jeden Leser dieses Herzenswerkes.

Wertvolle und heilsame Lesestunden wünschen

Katja Caspari und Katja Kirchner

Zum Inhalt

Dieses Buch versucht drei wichtige Fragen zum Thema Endlichkeit zu klären:

1. Wie kann man sich auf den Tod vorbereiten?
2. Wie darf man Trauer verstehen?
3. Wie ist es möglich wieder innerlich zu heilen?

Dabei gibt es verschiedene Ansätze, die sowohl psychologische, spirituelle, religiöse, kulturelle und technologische Perspektiven sowie Erfahrungen aus der Praxis berücksichtigen. Hier einige der wichtigsten Erkenntnisse:

Trauer als individueller Prozess

Trauer ist ein zutiefst individueller Prozess, der von vielen Faktoren beeinflusst wird, wie Persönlichkeit, Art der Beziehung zum Verstorbenen und den eigenen Bewältigungsstrategien. **Vorbereitung auf Trauer** kann in gewisser Weise hilfreich sein, jedoch ist sie keine Garantie dafür, dass der Prozess weniger schmerzhaft oder leichter wird.

Man kann aber feststellen, dass ein sich Beschäftigen mit diesem Thema der Endlichkeit eine Bereicherung für das Leben ist und sehr wohl eine Hilfestellung sein kann, wenn der persönliche Verlust eintritt.

Vorbearbeitung von Verlusten

Einige Studien deuten darauf hin, dass Menschen, die sich **emotional auf den Verlust vorbereiten** können (z. B. durch Gespräche über den bevorstehenden Tod eines geliebten Menschen), weniger intensiv trauern, wenn der Tod schließlich eintritt.

Dies wird oft als **„Antizipatorische Trauer“** bezeichnet – die Trauer beginnt schon, bevor der Verlust tatsächlich eintritt, was eine Art Vorverarbeitung der Emotionen ermöglicht.

Antizipatorische Trauer: Besonders bei langwierigen Krankheiten, wie Krebs, kann diese Form der Trauer eintreten. Studien zeigen, dass Angehörige, die sich intensiv mit dem bevorstehenden Verlust auseinandersetzen, möglicherweise weniger traumatisiert sind und schneller mit dem Trauerprozess beginnen können.

Trauer als Teil des Heilungsprozesses

Trauer ist unvermeidlich und ein wichtiger Bestandteil der emotionalen Verarbeitung. Auch bei sorgfältiger Vorbereitung wird Trauer nicht vermieden, sondern lediglich in manchen Fällen erleichtert.

Praktische Vorbereitung kann helfen

Wissenschaftler sind sich einig, dass **praktische Vorbereitungen** (wie das Klären von rechtlichen Angelegenheiten, Bestattungswünschen, Testamenten und offenen Gesprächen) den Trauerprozess erleichtern können.

Das schafft Raum, um sich stärker auf die emotionale Verarbeitung des Verlustes zu konzentrieren, da weniger externe Stressfaktoren vorhanden sind.
Eine Studie der **American Psychological Association (APA)** zeigt, dass Menschen, die vor einem Verlust organisatorische und emotionale Vorbereitungen getroffen haben, schneller zu einem Zustand emotionaler Akzeptanz kommen.

Resilienz und Trauer

Die Wissenschaft hat auch das Konzept der **Resilienz** untersucht, das eng mit der Trauerbewältigung verknüpft ist. **Resiliente Menschen** sind oft besser in der Lage, sich auf Verluste vorzubereiten, indem sie Strategien entwickeln, um mit emotionalen Herausforderungen umzugehen. Zu diesen Strategien gehören emotionale Unterstützung durch Familie und Freunde, gesunde Stressbewältigungsmechanismen und die Auseinandersetzung mit spirituellen oder philosophischen Ansichten über Tod und Verlust.

Psychologische Unterstützung und Prävention

Viele Psychologen empfehlen, sich auf Trauer durch **professionelle Unterstützung** vorzubereiten, insbesondere, wenn man sich mit einem bevorstehenden Verlust konfrontiert sieht. Trauerbegleitung oder Therapie können helfen, die Emotionen zu sortieren und einen gesunden Umgang mit der bevorstehenden Trauer zu entwickeln.

Fazit

Wissenschaftlich betrachtet, kann man sich auf **praktischer und emotionaler Ebene** teilweise auf Trauer vorbereiten, indem man organisatorische Vorkehrungen trifft und sich mit dem Verlust auseinandersetzt. Allerdings bleibt Trauer ein zutiefst individueller Prozess, der sich nur schwer vorhersehen oder vollständig „vorbereiten" lässt. Vorbereitung kann helfen, den Prozess weniger belastend zu gestalten, aber sie nimmt nicht den Schmerz oder die emotionalen Auswirkungen.

Der tatsächliche Trauerprozess ist häufig intensiver, als Menschen erwarten, selbst wenn sie glauben, gut vorbereitet zu sein.

In diesem Sinne ist dieses Buch eine ehrliche Darstellung des Faktums Trauer. Es gibt Hilfestellung und dient zur Orientierung.

Trauer ist etwas, was uns alle angeht. Aus unseren Erfahrungen als Freie Trauerrednerinnen können wir sagen, es hilft, sich bereits in guten Zeiten diesem Thema zu widmen, damit man in schlechten und verlustreichen Zeiten besser gerüstet ist.

1. Abschiede als Teil des Lebens

Haben Sie sich schon einmal gefragt, wie viele Abschiede Sie im Laufe Ihres Lebens erleben werden? Denn nicht nur der Tod lässt uns trauern, auch andere Verluste können dieses Gefühl anfeuern.
Die genaue Anzahl der Abschiede, die ein Mensch im Durchschnitt im Leben erlebt, variiert stark, da sie von vielen individuellen Faktoren abhängt, wie Lebensumstände, Beziehungen und soziale Netzwerke. Dennoch gibt es bestimmte Arten von Abschieden, die die meisten Menschen in ihrem Leben mehrmals erfahren:

Todesfälle nahestehender Personen

Die durchschnittliche Lebenserwartung in vielen westlichen Ländern liegt bei etwa 80 Jahren. Im Laufe eines Lebens erlebt eine Person in der Regel den Tod von Eltern, Großeltern, Geschwistern, Partnern, Freunden und möglicherweise eigenen Kindern oder Enkelkindern.
Ein Mensch erlebt in seinem Leben durchschnittlich etwa 5 bis 10 enge Todesfälle, nahestehender Personen.

Beziehungsabschiede

Studien über Beziehungen und Freundschaften zeigen, dass die meisten Menschen in ihrem Leben eine Reihe von romantischen Beziehungen durchlaufen, von denen einige enden.

Zusätzlich enden viele Freundschaften im Laufe des Lebens durch Umzug, Lebensveränderungen oder den natürlichen Prozess des Auseinanderlebens.
Schätzungen gehen davon aus, dass eine Person etwa **20 bis 30 bedeutende Beziehungen** (romantisch oder platonisch) im Laufe des Lebens beginnt und beendet.

Berufsbezogene Abschiede

Berufswechsel, Ruhestand oder das Verlassen eines Jobs führen ebenfalls zu Abschieden von Kollegen, Aufgaben und gewohnten Umgebungen.
Eine Person wechselt ihren Arbeitsplatz im Laufe ihres Arbeitslebens ebenfalls einige Male, was bedeutet, dass sie im Durchschnitt ebenso viele berufliche Abschiede erlebt.

Lebensphasen und Umzüge

Jeder Mensch durchläuft verschiedene Lebensphasen, von der Kindheit über das Erwachsenenalter bis zum Ruhestand. Mit diesen Phasen gehen häufig auch emotionale Abschiede von bestimmten Lebensabschnitten einher, Umzüge und räumliche Veränderungen ebenso. Was oft mit dem Verlassen von Nachbarschaften, Städten und sozialen Kreisen verbunden ist.

Andere bedeutende Abschiede

Abschiede können auch andere Formen annehmen, wie das Ende von Lebensabschnitten (z. B. der Wechsel von der Schule zur Universität oder ins Berufsleben), der Verlust von Haustieren, gesundheitliche Veränderungen, der Verlust der Jugend, das Ende von Projekten oder Lebensplänen.

Übung:

1. Notieren Sie sich gerne Ihre ganz persönlichen Abschiede ihres Lebens, nach genannten Kategorien (Abschiede durch Todesfälle, Beziehungsabschiede, berufsbezogene Abschiede, Abschiede durch Lebensphasen oder Umzüge, andere bedeutende Abschiede).
2. Machen Sie sich im Anschluss darüber Gedanken, wie Sie damit umgegangen sind (bewusst/unbewusst, verarbeitet/unverarbeitet).
3. Vielleicht erkennen Sie ein persönliches Verhaltensmuster?
4. Würden Sie es so wie damals wieder machen und warum/warum nicht?

Fazit

Insgesamt haben wir Menschen also im Laufe unseres Lebens zahlreiche Abschiede erlebt, darunter kleinere, alltägliche Abschiede sowie größere, tiefgreifende Verluste. Wichtige und einschneidende Abschiede – Todesfälle, das Ende enger Beziehungen und berufliche Veränderungen.

Man könnte also meinen wir wären, was das Trauern betrifft, geübt.

Doch jeder Verlust ist anders, wird anders wahrgenommen und verarbeitet. Trotzdem hilft an dieser Stelle das Bewusstsein, dass wir zwangsläufig Übung im Umgang mit Abschieden haben. Allein dieses Bewusstsein kann uns stärken.

2. Die persönliche Einstellung zu Veränderungen

Die persönliche Einstellung zu Veränderungen spielt im Trauerkontext eine entscheidende Rolle, da sie maßgeblich beeinflussen kann, wie Menschen mit Verlusten und Abschieden umgehen. Verschiedene psychologische, emotionale und soziale Faktoren wirken hier zusammen und bestimmen, ob jemand eine Veränderung als Chance für Wachstum oder als überwältigenden Verlust empfindet. Folgende Aspekte verdeutlichen, wie die Einstellung zu Veränderungen den Trauerprozess beeinflussen kann:

Akzeptanz von Vergänglichkeit

Menschen, die eine **positive Einstellung zur Vergänglichkeit** des Lebens haben, können Verluste oft leichter akzeptieren. Wer den Tod als natürlichen Teil des Lebenszyklus begreift, ist tendenziell besser vorbereitet auf Abschiede und weniger stark von existenziellen Ängsten belastet. Diese Akzeptanz fördert eine Art **emotionale Flexibilität**, die es Menschen ermöglicht, nach einem Verlust schneller wieder ins Leben zurückzufinden.

Offenheit für Veränderungen

Personen, die **offen für Veränderungen** sind und sie als unvermeidbaren Teil des Lebens akzeptieren, zeigen häufig eine höhere Resilienz im Trauerprozess. Diese Offenheit ermöglicht es ihnen, sich an neue Lebensumstände anzupassen und emotionale Ressourcen für den Umgang mit Verlusten zu mobilisieren. Sie sind eher bereit, neue Lebenswege zu beschreiten oder sich auf neue Beziehungen und Erfahrungen einzulassen.

Psychologische Flexibilität spielt eine wichtige Rolle bei der Bewältigung von Trauer. Menschen, die Veränderungen als Chance für persönliches Wachstum betrachten, bewältigen Verluste oft besser und schneller.

Glaube an persönliche Kontrolle und Resilienz

Die Überzeugung, **persönliche Kontrolle** über das eigene Leben zu haben – selbst in schwierigen Zeiten – kann ebenfalls entscheidend sein. Menschen mit einem **hohen Maß an Selbstwirksamkeit** glauben, dass sie in der Lage sind, schwierige Emotionen zu bewältigen und Lösungen zu finden, was ihnen hilft, Verluste besser zu verarbeiten. Diese Menschen betrachten den Trauerprozess weniger als etwas, das ihnen widerfährt, sondern eher als eine Herausforderung, der sie begegnen können.

Ein **starkes Gefühl der Selbstwirksamkeit** fördert die Fähigkeit, Verluste zu bewältigen und sich im Trauerprozess neu zu orientieren.

Einstellungen zu Veränderungen

Menschen mit einer **negativen Einstellung zu Veränderungen** oder einer starken Angst vor Ungewissheit können größere Schwierigkeiten haben, mit Verlusten umzugehen. Für sie sind Abschiede nicht nur emotional schmerzhaft, sondern stellen auch eine Bedrohung für ihre Sicherheit und ihr Wohlbefinden dar. Sie haben oft eine geringe Toleranz für Unsicherheit und neigen dazu, Veränderungen zu vermeiden oder sich ihnen emotional zu entziehen. Diese Haltung kann zu **komplizierter Trauer** führen, bei der der Trauerprozess verlängert oder intensiver wird.

Untersuchungen zur **Vermeidung von Veränderung** zeigen, dass Menschen, die sich schwertun, loszulassen und an vergangenen Zuständen festhalten, häufiger unter längerfristigen Trauerreaktionen leiden.

Wert von Akzeptanz und Loslassen

Eine positive Einstellung gegenüber dem **Loslassen** spielt eine wichtige Rolle im Trauerprozess. Menschen, die erkennen, dass Veränderungen unvermeidlich sind und lernen, emotional loszulassen, können den Schmerz eines Abschieds besser integrieren und sich schneller auf neue Lebensumstände einstellen. Sie sind oft in der Lage, den Verstorbenen in Erinnerung zu halten, ohne dabei im Schmerz zu verharren.

Loslassen und **Akzeptanz** sind wichtige Bewältigungsstrategien im Umgang mit Trauer. Menschen, die lernen, loszulassen, zeigen tendenziell eine gesündere und schnellere emotionale Heilung.

Spirituelle und philosophische Haltungen

Spirituelle und philosophische Überzeugungen können eine starke Stütze im Umgang mit Veränderungen und Trauer sein. Menschen, die an ein **Leben nach dem Tod** oder an die **Bedeutung des Lebenszyklus** glauben, finden oft Trost und Zuversicht in diesen Vorstellungen, was den Trauerprozess erleichtert. Diese Überzeugungen helfen dabei, Veränderungen zu akzeptieren und den Verlust als Teil eines größeren Ganzen zu begreifen.
Spirituelle Überzeugungen und **Sinnsuche** beeinflussen den Trauerprozess positiv, indem sie Hoffnung und Trost spenden und den Verlust in einen größeren Kontext setzen.

Fazit

Die persönliche Einstellung zu Veränderungen kann im Trauerkontext entscheidend dafür sein, wie man Verluste verarbeitet. Menschen, die Veränderungen als Teil des Lebens akzeptieren und lernen, mit emotionaler Flexibilität und Resilienz zu reagieren, haben oft weniger Schwierigkeiten, mit Trauer umzugehen.

Übung

Wenn Sie an dieser Stelle feststellen, dass Sie keine veränderungsbereite Person sind, dann lassen Sie uns gemeinsam in Ihren ganz persönlichen Erfahrungsschatz blicken.

1. Was für Veränderungen haben Sie in Ihrem Leben bereits erlebt?
2. Gab es Schicksalsschläge, welche Sie verarbeiten konnten oder lohnt es an dieser Stelle etwas genauer hinzusehen?
3. Waren Ihre Veränderungen durchwegs negativ oder auch durch positive Entwicklungen geprägt?
4. In welchem Verhältnis würden Sie Ihren Erfahrungsschatz zum Thema Veränderungen bis zum heutigen Tage bewerten? Mehr positive/negative Veränderungen?
5. Lassen Sie uns gerne auch auf die negativ empfundenen Veränderungen blicken: Könnte es sein, dass manche Veränderungen, die sie negativ empfunden haben, von ihrer Seite nicht initiiert oder gesteuert wurden, sondern von außen über sie bestimmt wurden?
6. In welchem Verhältnis sind die negativen Veränderungen durch äußere Einflüsse oder durch Sie selbst initiiert worden?

Vielleicht helfen Ihnen diese Überlegungen, um möglicherweise einen anderen Blick auf Ihre Veränderungserfahrungen und somit auf Ihre künftige Veränderungsbereitschaft zu entwickeln. Denn wenn man das Gefühl hat, Veränderungen selbst aktiv gestalten zu können, sind diese ggf. leichter annehmbar. Dieses Bewusstsein könnte auch bei der Trauerarbeit helfen.

3. Die Emotionale Dimension des Abschieds

Abschiede sind ein zentraler Bestandteil des menschlichen Lebens, und ihre emotionale Dimension ist tief und vielschichtig. Sie können Menschen in Momenten der Trauer und des Schmerzes zurücklassen und sie dazu veranlassen, die Bedeutung von Erinnerungen neu zu definieren sowie sie mit der Unsicherheit und Angst vor dem Unbekannten konfrontieren. Der Abschied ist nicht nur ein körperliches oder räumliches Loslassen, sondern auch ein tiefgreifendes emotionales Ereignis, das psychologische und seelische Reaktionen hervorruft.

Trauer und Schmerz

Trauer ist die emotionale Antwort auf den Verlust einer Person, einer Beziehung, einer Lebensphase oder einer Lebensweise. Der Schmerz, der mit endgültigen Abschieden einhergeht, gehört oft zu den intensivsten und schwierigsten Emotionen, die ein Mensch im Laufe seines Lebens erfahren kann. Abschiede, insbesondere der Tod eines geliebten Menschen, konfrontieren uns mit dem Gefühl des Verlustes und dem Wissen, dass etwas für immer vorbei ist.

Der Verlust eines geliebten Menschen oder einer bedeutenden Beziehung kann das Gefühl von Leere und Verlassenheit auslösen. Es entsteht Raum für Trauer. Dieser emotionale Schmerz ist oft überwältigend und kann Menschen in tiefe Trauerzustände stürzen, in denen sie das Gefühl haben, dass nichts mehr so sein wird wie zuvor. Diese Emotionen sind jedoch ein natürlicher und notwendiger Teil des Trauerprozesses. Der Schmerz dient nicht nur als Ausdruck des Verlustes, sondern hilft auch, die emotionale Bedeutung dieses Verlustes zu verarbeiten. In gewisser Weise ist der Schmerz ein Zeugnis für die Tiefe der Beziehung und der Bindung, die zu dem verlorenen Menschen oder der verlorenen Sache bestand. Zusätzlich zu den Emotionen von Trauer und Schmerz können sich körperliche Reaktionen wie Erschöpfung, Schlaflosigkeit, Appetitverlust und sogar körperliche Schmerzen zeigen. Diese somatischen Reaktionen sind ein weiteres Zeichen dafür, dass Trauer tief im menschlichen Wesen verankert ist und den Körper sowie den Geist in Anspruch nimmt. Der Abschied geht oft mit dem Gefühl einher, dass die Welt sich verändert hat, dass das Leben einen grundlegenden Bruch erfahren hat, die Zukunft ungewiss und ohne die verlorene Person oder Beziehung schwieriger erscheint.

Die Rolle von Erinnerungen

Erinnerungen spielen eine zentrale Rolle im Umgang mit Verlust und Trauer. Wenn Menschen einen endgültigen Abschied erleben, werden Erinnerungen zu einer Brücke zwischen der Vergangenheit und der Gegenwart. Sie ermöglichen es den Trauernden, die verlorene Person oder die verlorene Beziehung weiter in ihrem Leben präsent zu halten, selbst wenn die physische Anwesenheit nicht mehr gegeben ist.

Erinnerungen an den Verstorbenen oder die vergangene Beziehung sind oft bittersüß. Sie können Trost spenden, indem sie an die positiven gemeinsamen Erlebnisse erinnern, aber sie können auch Schmerz auslösen, weil diese Momente nie wieder erlebt werden können. Dennoch sind diese Erinnerungen von unschätzbarem Wert, da sie es den Trauernden ermöglichen, eine Verbindung zur Vergangenheit aufrechtzuerhalten und die Bedeutung des Verlorenen zu würdigen.

Es gibt verschiedene Möglichkeiten, wie Menschen die Kraft der Erinnerung nutzen, um mit dem Verlust umzugehen. Manche schaffen Rituale, um die Erinnerung an den Verstorbenen lebendig zu halten, wie das Feiern von Jahrestagen oder das Errichten von Gedenkstätten. Andere wählen es, sich intensiv mit Erinnerungen zu beschäftigen, indem sie Fotos ansehen, alte Briefe lesen oder Geschichten über die Person erzählen. Solche Praktiken helfen den Trauernden, den Verlust zu integrieren und gleichzeitig die Wertschätzung für das Leben und die gemeinsamen Erlebnisse zu fördern.

Erinnerungen bieten auch eine Gelegenheit zur Selbstreflexion. Der Prozess des Erinnerns hilft Menschen, den Einfluss des Verstorbenen oder der verlorenen Beziehung auf ihr eigenes Leben zu erkennen. Dies kann zu tiefgreifenden Einsichten und einem besseren Verständnis der eigenen Identität führen. Der Verlust selbst wird so Teil der persönlichen Geschichte was es ermöglicht, die Vergangenheit als wertvoll und bedeutsam anzuerkennen, ohne in ihr gefangen zu bleiben.

Angst vor dem Unbekannten

Der Gedanke an den Tod oder das Ende einer Beziehung bringt häufig die **Angst vor dem Unbekannten** mit sich. Abschiede konfrontieren uns mit der Unsicherheit, was nach dem Ende kommt, sei es im spirituellen, emotionalen oder praktischen Sinne. Diese Angst vor dem Unbekannten kann tief verunsichern und dazu führen, dass Menschen den Abschied oder den Verlust schwer akzeptieren können.

Der Tod eines geliebten Menschen erinnert uns an unsere eigene Sterblichkeit und stellt oft existentielle Fragen: Was passiert nach dem Tod? Gibt es ein Leben danach? Wie werde ich ohne diese Person weiterleben? Solche Fragen können starke Ängste und Unsicherheiten auslösen, da der Tod als eines der größten Mysterien des Lebens gilt. Viele Menschen neigen dazu, den Gedanken an den Tod zu verdrängen, da die Konfrontation mit dem eigenen Ende beängstigend ist.

Doch die Art und Weise, wie Menschen mit dieser Angst umgehen, hängt stark von ihren persönlichen Überzeugungen, ihrem kulturellen Hintergrund und ihrer spirituellen Ausrichtung ab. Für manche bietet der Glaube an ein Leben nach dem Tod oder an spirituelle Kontinuität Trost. Religionen und spirituelle Praktiken bieten oft Antworten und Rituale, die helfen, mit der Angst vor dem Unbekannten umzugehen. Der Gedanke, dass der Tod nicht das Ende, sondern der Übergang in eine andere Existenzform ist, kann den Schmerz des Abschieds lindern und den Trauernden helfen, Hoffnung und Frieden zu finden.
Auf der anderen Seite erleben Menschen, die keine klaren Vorstellungen vom Tod oder dem Jenseits haben, oft stärkere Ängste und Unsicherheiten. Sie müssen sich möglicherweise stärker mit dem Gefühl der endgültigen Trennung auseinandersetzen. In solchen Fällen kann der Abschied mit dem Gefühl der Sinnlosigkeit oder Verzweiflung einhergehen. Doch auch hier können psychologische und therapeutische Unterstützung helfen, die Ängste zu bewältigen und eine neue Perspektive auf den Verlust zu entwickeln.

Fazit

Die emotionale Dimension des Abschieds ist geprägt von Trauer, Schmerz, Erinnerungen und der Angst vor dem Unbekannten. Der Verlust eines geliebten Menschen oder einer bedeutenden Beziehung lässt uns tiefe emotionale Wunden spüren, aber er bietet auch die Gelegenheit, die Bedeutung der Erinnerungen zu würdigen und die Angst vor der Unsicherheit zu bewältigen. Letztlich ist der Abschied ein unvermeidlicher Teil des menschlichen Lebens, der uns herausfordert, aber auch die Möglichkeit bietet, emotional zu wachsen und das Leben in all seinen Facetten zu schätzen.

4. Die Emotionale Vorbereitung

Die Akzeptanz des Sterbens als ein natürlicher Bestandteil des Lebens gehört zu den tiefsten und schwierigsten Herausforderungen, denen sich jeder Mensch irgendwann stellen muss. Der Gedanke an die eigene Vergänglichkeit und den Tod unserer Liebsten ist oft beunruhigend und wird in vielen Kulturen und Gesellschaften eher verdrängt als thematisiert. Doch die bewusste Auseinandersetzung mit dem Tod und der Vergänglichkeit kann helfen, das Leben in seiner vollen Tiefe zu begreifen und zu schätzen.

Sich der Vergänglichkeit des Lebens zu stellen, erfordert Mut und Reflexion. Sie zwingt uns dazu, den endlichen Charakter unserer Existenz anzuerkennen. Anstatt das Thema zu vermeiden, kann die Akzeptanz der Sterblichkeit eine befreiende Wirkung haben, da sie uns aufzeigt, wie kostbar jeder Augenblick ist. Es erinnert uns daran, dass unsere Zeit begrenzt ist und dass wir bewusst und sinnvoll mit ihr umgehen sollten. Dieses Bewusstsein fördert oft einen Lebensstil, der von Dankbarkeit, Achtsamkeit und Sinnsuche geprägt ist.

Das Akzeptieren des Sterbens bedeutet nicht, den Verlust oder den Tod leicht zu nehmen, sondern vielmehr, eine philosophische und spirituelle Einstellung zu entwickeln, die die Vergänglichkeit als Teil des natürlichen Kreislaufs des Lebens ansieht. Der Tod gibt dem Leben eine Struktur, indem er ihm Grenzen setzt. Ohne das Wissen um unser Ende wären viele Aspekte unseres Lebens bedeutungslos.

So kann die Akzeptanz des Sterbens die Art und Weise verändern, wie wir unser Leben führen, wie wir unsere Beziehungen gestalten und wie wir mit Verlusten umgehen.

Letzte Gespräche

Ein bedeutender Teil des Abschiedsprozesses ist das Gespräch mit dem sterbenden geliebten Menschen. Diese Gespräche können sowohl für die Sterbenden als auch für die Hinterbliebenen eine tief heilende Wirkung haben. Sie bieten die Möglichkeit, letzte Wünsche zu äußern, alte Missverständnisse zu klären und sich bewusst voneinander zu verabschieden. Diese Momente des Abschieds sind von großer emotionaler Intensität, aber sie tragen auch dazu bei, dass der Trauerprozess nach dem Tod besser bewältigt werden kann. Abschiedsworte sind oft schwer zu finden, da sie mit der Endgültigkeit des Verlustes verbunden sind. Es ist wichtig, Raum für authentische und offene Gespräche zu schaffen, in denen sowohl der Sterbende als auch die Angehörigen ihre Gefühle zum Ausdruck bringen können. Solche Gespräche ermöglichen es, unausgesprochene Worte zu sagen, Dankbarkeit zu zeigen und vielleicht auch Vergebung auszusprechen. Dies kann eine wichtige emotionale Entlastung für beide Seiten darstellen.

Letzte Wünsche des Sterbenden sollten respektiert und, wenn möglich, erfüllt werden. Dies kann den Ort betreffen, an dem der Sterbende seine letzten Tage verbringen möchte, die Gestaltung der Bestattung oder den Wunsch nach bestimmten Ritualen. Diese Wünsche zu respektieren und zu erfüllen, gibt den Hinterbliebenen das Gefühl, einen wichtigen Beitrag zum Abschied geleistet zu haben und dem Verstorbenen auf eine Weise Ehre zu erweisen, die dessen Überzeugungen und Wünsche widerspiegelt. Für den Sterbenden selbst können diese Gespräche helfen, den eigenen Tod zu akzeptieren und mit Frieden zu gehen. Das Wissen, dass offene Fragen geklärt sind und die geliebten Menschen um ihn herum in Harmonie und Verbundenheit bleiben, kann eine tiefgreifende Erleichterung bringen. Auf diese Weise ist der Abschied nicht nur ein Moment des Schmerzes, sondern auch ein Akt der Liebe und des Respekts.

Wichtige Unterstützung

Die Unterstützung durch Freunde, Familie und professionelle Trauerbegleiter ist ein essenzieller Bestandteil des Trauerprozesses. Menschen, die in Trauer sind, benötigen ein starkes Netzwerk, das sie in dieser schwierigen Zeit auffängt, ihnen Trost spendet und ihnen das Gefühl gibt, nicht alleine zu sein. Familie und enge Freunde spielen oft die größte Rolle in der unmittelbaren Zeit nach dem Verlust.

Sie sind die ersten, die den Trauernden beistehen, indem sie praktische Hilfe leisten, emotionalen Halt bieten und eine schützende Umgebung schaffen. Der Austausch von Erinnerungen, gemeinsame Rituale und das Gefühl der Zusammengehörigkeit helfen dabei, den Verlust gemeinsam zu bewältigen.

Es ist jedoch auch wichtig, dass Freunde und Familienangehörige die individuelle Art der Trauer des Betroffenen respektieren. Manche Menschen wünschen sich intensive Unterstützung und Nähe, während andere den Rückzug und die Stille bevorzugen. Es ist wichtig, dem Trauernden die nötige Freiheit zu lassen, den Trauerprozess in seinem eigenen Tempo und auf seine eigene Weise zu erleben.

Neben der Unterstützung durch das soziale Umfeld spielen professionelle Trauerbegleiter eine bedeutende Rolle. Trauerberater, Psychologen und Therapeuten, die sich auf den Trauerprozess spezialisiert haben, bieten einen geschützten Raum, in dem Trauernde ihre Gefühle ausdrücken und verarbeiten können. Diese professionelle Unterstützung kann besonders wertvoll sein, wenn die Trauer so überwältigend ist, dass sie das tägliche Leben beeinträchtigt oder wenn die Trauernden das Gefühl haben, festzustecken und den Verlust nicht verarbeiten zu können.

Trauerbegleiter bieten nicht nur emotionale Unterstützung, sondern helfen auch dabei, die Trauer in eine Form zu bringen, die langfristig verarbeitet werden kann. Sie geben Werkzeuge an die Hand, um mit dem Schmerz umzugehen, und helfen dabei, die Balance zwischen dem Leben mit dem Verlust und der Rückkehr in den Alltag zu finden.
Gemeinsam tragen Familie, Freunde und professionelle Begleiter dazu bei, den Trauerprozess weniger einsam und überwältigend erscheinen zu lassen. Der Austausch und die Unterstützung durch andere Menschen machen den Schmerz nicht weniger real, aber sie helfen, ihn besser zu tragen und letztlich zu heilen.

Abhängigkeiten erkennen und klären

Das Erkennen und Klären von Abhängigkeiten ist ein wesentlicher Bestandteil der Trauerbewältigung. Abhängigkeiten können emotionaler, praktischer oder sozialer Natur sein und entstehen häufig durch enge Beziehungen zu Verstorbenen. Diese Abhängigkeiten beeinflussen, wie wir den Verlust wahrnehmen und verarbeiten.

Emotionale Abhängigkeiten: Viele Menschen entwickeln tiefe Bindungen zu ihren Angehörigen. Das Erkennen solcher Abhängigkeiten hilft, die eigenen Gefühle zu verstehen und Trauer zuzulassen. Oft ist es notwendig, alternative Wege wie Gespräche mit Freunden, therapeutische Begleitung oder kreative Ausdrucksformen zu finden, um den Schmerz zu lindern.

Praktische Abhängigkeiten: Oft sind wir in bestimmten Lebensbereichen von den Verstorbenen abhängig, sei es bei der finanziellen Unterstützung, im Alltag oder in der Entscheidungsfindung. Diese Abhängigkeiten zu klären, ermöglicht es, neue Strukturen und Routinen zu schaffen, die uns helfen, im Alltag weiterzugehen.
Soziale Abhängigkeiten: Der Verlust kann auch unsere sozialen Netzwerke betreffen. Es ist wichtig, sich darüber klar zu werden, wie der Verstorbene unsere sozialen Beziehungen beeinflusst hat, und aktiv neue Verbindungen zu suchen oder bestehende Beziehungen zu stärken.

Fazit

Der Umgang mit Sterblichkeit und Verlust ist eine tief emotionale Erfahrung. Akzeptanz, Trauerbewältigung, bewusster Abschied, das Klären von Abhängigkeiten und Unterstützung sind dabei entscheidend. So finden wir Wege, den Verlust zu verarbeiten oder ggf. bereits zu Lebzeiten gewisse Abhängigkeiten aufzulösen.

5. Die Praktische Vorbereitung

Finanzielle und organisatorische Vorsorge

Die Vorsorge für den eigenen Tod oder den eines nahestehenden Menschen ist ein wichtiger Schritt, um den Übergang nach dem Tod für die Hinterbliebenen zu erleichtern und persönliche Wünsche und Rechte zu wahren. Die praktische Umsetzung finanzieller und organisatorischer Vorbereitungen umfasst mehrere wichtige Schritte, die in jedem Lebensabschnitt angegangen werden sollten.

Unterlagen verfügbar halten

Die Unterlagen, die Sie beim Bestatter vorlegen müssen, variieren je nach Familienstand (verheiratet, verwitwet, geschieden oder unverheiratet). Diese sind wichtig, damit der Bestatter die Formalitäten und die Bestattung ordnungsgemäß durchführen kann. Hier eine Übersicht:

a) Verheiratet

Personalausweis oder Reisepass des Verstorbenen.

Heiratsurkunde oder ein **Familienstammbuch** (Nachweis der Ehe).

Geburtsurkunde, falls der Verstorbene noch keine eigene Familie gegründet hat oder falls diese benötigt wird.

Sterbeurkunde eines bereits verstorbenen Ehepartners, falls vorhanden (wenn der Verstorbene bereits einmal verwitwet war).

b) Verwitwet

Personalausweis oder Reisepass des Verstorbenen.
Heiratsurkunde oder das **Familienstammbuch** (um die Ehe nachzuweisen).
Sterbeurkunde des Ehepartners (als Nachweis des Witwen-/Witwerstatus).
Geburtsurkunde, falls benötigt.

c) Geschieden

Personalausweis oder Reisepass des Verstorbenen.
Heiratsurkunde oder das **Familienstammbuch** (um die Ehe nachzuweisen).
Scheidungsurteil (rechtskräftig) als Nachweis der Scheidung.
Geburtsurkunde, falls benötigt.

d) Ledig

Personalausweis oder Reisepass des Verstorbenen.
Geburtsurkunde des Verstorbenen.

Weitere Unterlagen (abhängig von der Situation):
Krankenversicherungskarte des Verstorbenen.

Bestattungsvorsorgevertrag, falls der Verstorbene bereits im Voraus Regelungen für die Bestattung getroffen hat.
Rentenversicherungsnummer, falls der Verstorbene eine gesetzliche Rente bezogen hat.
Für Rentner muss der Rentenversicherungsbescheid vorgelegt werden, damit die Rentenstelle informiert werden kann.
Sterbegeldversicherungspolice, falls eine solche Versicherung abgeschlossen wurde.
Graburkunde, falls bereits eine Grabstelle vorhanden ist.
Diese Dokumente ermöglichen es dem Bestatter, alle Formalitäten wie die Ausstellung der Sterbeurkunde, die Abmeldung bei Ämtern und Versicherungen sowie die Organisation der Beerdigung zu erledigen.

Testament aufsetzen

Ein Testament ist eine der zentralen Maßnahmen, um den Nachlass zu regeln und sicherzustellen, dass der eigene Wille in Bezug auf die Verteilung des Vermögens und anderer Werte nach dem Tod umgesetzt wird. Wer ein Testament aufsetzen möchte, kann dies entweder selbst tun (handschriftlich) oder sich von einem Notar oder Rechtsanwalt unterstützen lassen. Die notarielle Beglaubigung bietet zusätzliche Sicherheit, dass das Testament rechtlich einwandfrei ist und nach dem Tod nicht angefochten werden kann.
Ein Testament sollte alle wesentlichen Aspekte umfassen: die Verteilung von Eigentum, Vermögen, Immobilien, persönlichen Gegenständen und mögliche Regelungen zur Vormundschaft für minderjährige Kinder.

Es empfiehlt sich, das Testament an einem sicheren Ort aufzubewahren (optional Nachlassgericht) und die Aktualität einmal jährlich mit Unterschrift bestätigen und engsten Angehörigen oder einem vertrauenswürdigen Dritten mitzuteilen, wo es sich befindet.
Seit 2012 wird in Deutschland zudem jedes Testament, das beim Nachlassgericht oder durch einen Notar hinterlegt wird, im Zentralen Testamentsregister der Bundesnotarkammer erfasst. Dieses Register informiert im Todesfall automatisch das zuständige Nachlassgericht, sodass das Testament schnell gefunden wird. Für die Hinterlegung eines Testaments beim Nachlassgericht fallen Gebühren an. Diese richten sich nach dem Gerichts- und Notarkostengesetz (GNotKG) und sind in der Regel recht gering. Der genaue Betrag hängt vom Vermögenswert des Erblassers ab.

Vorteile der Hinterlegung:

a) Schutz vor Verlust, Zerstörung oder Unterschlagung.
b) Gewährleistung, dass das Testament nach dem Tod auch tatsächlich gefunden und umgesetzt wird.
c) Rechtssicherheit hinsichtlich der Form und Gültigkeit.
Es ist daher eine sichere Möglichkeit, um sicherzustellen, dass der eigene letzte Wille beachtet wird.

Vorsorgevollmacht und Patientenverfügung

Neben dem Testament sind eine Vorsorgevollmacht und eine Patientenverfügung wichtige Dokumente für die Zeit vor dem Tod, falls man selbst nicht mehr in der Lage sein sollte, Entscheidungen zu treffen. Die Vorsorgevollmacht ermächtigt eine Person des Vertrauens, in medizinischen oder finanziellen Angelegenheiten im Namen des Betroffenen zu handeln. Eine Patientenverfügung legt fest, welche medizinischen Maßnahmen ergriffen oder unterlassen werden sollen, wenn der Betroffene selbst nicht mehr ansprechbar ist. Dies umfasst oft Themen wie die Lebenserhaltung oder palliative Betreuung.

Für die Erstellung dieser Dokumente gibt es zahlreiche Vorlagen, die online verfügbar sind, oder man kann professionelle Beratung durch einen Anwalt oder eine Beratungsstelle in Anspruch nehmen. Es ist wichtig, die ernannten Vertreter gut zu wählen und ausführlich mit ihnen über die eigenen Wünsche zu sprechen, damit sie im Ernstfall sicher im Sinne des Verstorbenen handeln können.

Finanzielle Vorsorge

Die finanzielle Vorsorge schließt die Planung von Bestattungskosten sowie mögliche Lebensversicherungen ein. Bestattungen können erhebliche Kosten verursachen, weshalb es sinnvoll ist, eine Sterbegeldversicherung oder ein entsprechendes Sparguthaben anzulegen.

Einige Menschen entscheiden sich auch für Bestattungsvorsorgeverträge mit einem Bestattungsinstitut, um sicherzustellen, dass ihre Wünsche (z.B. Erd- oder Feuerbestattung) umgesetzt und die Kosten abgedeckt sind.
Es ist hilfreich, diese Vorbereitungen rechtzeitig zu treffen, um die Angehörigen in einer ohnehin schwierigen Zeit vor finanziellen Belastungen zu schützen und ihnen den Entscheidungsdruck abzunehmen.

Offene Gespräche über das Unausweichliche

Das Gespräch über den Tod gehört zu den schwierigsten Themen innerhalb der Familie und im Freundeskreis. Dennoch ist es unerlässlich, sich offen und frühzeitig mit Angehörigen über das eigene Lebensende, Wünsche für die Bestattung und mögliche Nachlassregelungen zu unterhalten. Solche Gespräche sind oft emotional belastend, können aber großen Nutzen bringen.

Den richtigen Zeitpunkt und Rahmen finden

Es gibt keinen "perfekten" Zeitpunkt, um das Gespräch über den Tod zu beginnen, aber es ist ratsam, es nicht erst auf den Moment zu verschieben, wenn der Tod unmittelbar bevorsteht. Ein natürlicher Anlass kann etwa ein bestimmter Lebensabschnitt sein, wie das Erreichen des Rentenalters, oder ein anderer persönlicher Einschnitt.

Es hilft, das Gespräch in einer ruhigen, stressfreien Umgebung zu führen, in der beide Seiten genug Zeit und Raum haben, um über das Thema zu sprechen.

Das Gespräch offen führen

Offenheit ist der Schlüssel zu erfolgreichen Gesprächen über das Lebensende. Es ist wichtig, dass beide Seiten – derjenige, der über seine Wünsche spricht, und derjenige, der zuhört – Raum für Fragen und Antworten schaffen. Themen wie Bestattungswünsche, Pflegebedürftigkeit, Vermögensaufteilung und emotionale Anliegen sollten in aller Klarheit besprochen werden. Es mag anfangs unangenehm sein, über solche sensiblen Themen zu reden, doch letztendlich schafft es Klarheit und Sicherheit für alle Beteiligten.

Die emotionale Bedeutung

Solche Gespräche können auch eine tiefere emotionale Verbindung zwischen den Angehörigen herstellen. Sie bieten die Möglichkeit, Missverständnisse aus dem Weg zu räumen, Dankbarkeit auszudrücken oder gar bestehende Konflikte zu lösen. Für viele Menschen ist es beruhigend zu wissen, dass ihre Liebsten über ihre Wünsche Bescheid wissen und bereit sind, diese zu respektieren.

In der Praxis können solche Gespräche in verschiedenen Rahmen stattfinden: bei Familientreffen, in Gesprächen mit Seelsorgern oder auch im Kontext professioneller Beratungen, die solche Themen in einer strukturierten Umgebung ansprechen.

Es kann auch hilfreich sein, solche Gespräche regelmäßig zu wiederholen, da sich Meinungen und Lebenssituationen über die Jahre verändern können.

Abschiede bewusst gestalten

Ein weiterer bedeutender Aspekt der Vorbereitung auf den Tod ist die bewusste Gestaltung des Abschieds. Rituale, Bestattungen und Gedenkfeiern helfen nicht nur den Hinterbliebenen, den Verlust zu verarbeiten, sondern auch dem Sterbenden, seinen Abschied als Teil des Lebens zu akzeptieren.

Bestattungsformen planen

Es gibt verschiedene Bestattungsformen, aus denen man wählen kann: von traditionellen Erd- oder Feuerbestattungen bis hin zu modernen Alternativen wie Naturbestattungen oder der Verstreuung der Asche an besonderen Orten. Auch ökologische Bestattungsformen, die die Umwelt schonen, werden zunehmend beliebter.

Wer seine Bestattung bereits zu Lebzeiten plant, kann sicherstellen, dass diese in Übereinstimmung mit den eigenen Wünschen durchgeführt wird. Das Gespräch mit einem Bestattungsunternehmen oder eine detaillierte Anweisung in einem Bestattungsvorsorgevertrag kann hier für Klarheit sorgen. In manchen Fällen kann es auch beruhigend sein, den Bestattungsort, wie zum Beispiel einen Friedhof oder einen Gedenkwald, vorab zu besuchen und festzulegen.

Checkliste: Bestattungsgespräch

Ein Gespräch beim Bestatter dient dazu, alle wichtigen Fragen und Details für die Bestattung zu klären:

a) Art der Bestattung: Es wird geklärt, ob eine Erd-, Feuer-, See- oder alternative Bestattung gewünscht ist.

b) Ort und Termin: Der Bestatter hilft dabei, einen Termin für die Trauerfeier und die Beisetzung festzulegen sowie den passenden Ort auszuwählen (z. B. Friedhof, Trauerhalle).

c) Formalitäten und Dokumente: Der Bestatter benötigt wichtige Dokumente wie den Totenschein, Personalausweis des Verstorbenen, Geburtsurkunde, Heiratsurkunde etc. Er hilft auch bei der Beantragung von Sterbeurkunden und anderen Formalitäten (z. B. Abmeldung bei Versicherungen).

d) Gestaltung der Trauerfeier: Details zur Trauerfeier werden besprochen, wie zum Beispiel die Dekoration, Musik, Reden, religiöse oder weltliche Rituale.

e) Sarg, Urne und Kleidung: Die Auswahl des Sarges oder der Urne sowie der Kleidung des Verstorbenen wird getroffen.

f) Todesanzeige und Trauerkarten: Der Bestatter unterstützt bei der Gestaltung und Veröffentlichung von Todesanzeigen sowie bei der Erstellung und dem Versand von Trauerkarten.

g) Kosten und Finanzierung: Die Kosten der Bestattung werden besprochen und gegebenenfalls Finanzierungsmöglichkeiten erläutert.

h) Zusätzliche Wünsche: Besondere Wünsche, wie etwa die Gestaltung der Beisetzung ob mit einem christlichen oder freien Redner sowie die Gestaltung des Gedenksteins, können ebenfalls besprochen werden.

Fazit

Die praktische Vorbereitung auf den Tod und den Abschied ist eine tiefgreifende und sensible Aufgabe, die sowohl finanzielle und organisatorische Aspekte als auch emotionale und rituelle Überlegungen umfasst. Durch die rechtzeitige Auseinandersetzung mit diesen Themen können wir nicht nur unseren eigenen Frieden finden, sondern auch unseren Angehörigen eine große Last nehmen. Vorsorgevollmachten, Testament und offene Gespräche schaffen Klarheit, während Rituale und bewusst gestaltete Abschiede helfen, den Verlust auf eine bedeutsame und heilsame Weise zu verarbeiten.

6. Der Trauerprozess und Wege der Heilung

Individuelle Gefühle in der Trauer

Trauer löst eine breite Palette an individuellen Gefühlen aus, die alle auf ihre Weise einen wichtigen Beitrag zur Bewältigung des Verlustes leisten. Jedes dieser Gefühle hat eine eigene Bedeutung und Funktion, die dabei hilft, mit dem Schmerz umzugehen und sich dem Heilungsprozess zu öffnen. Diese Emotionen treten jedoch nicht immer in einer festen Reihenfolge auf, und ihre Intensität variiert von Person zu Person. Während einige Menschen bestimmte Gefühle früher oder stärker erleben, durchlaufen andere sie vielleicht nur kurz oder in einer anderen Reihenfolge. Es gibt keinen einheitlichen Weg, um zu trauern – der Prozess ist so einzigartig wie die Menschen, die ihn durchlaufen.

Im Folgenden werden einige der häufigsten Gefühle vorgestellt, die im Trauerprozess auftreten können, und es wird erläutert, welche Rolle sie in der Verarbeitung des Verlustes spielen. Jede dieser Emotionen hat eine **wichtige Funktion** im Trauerprozess, da sie es dem Trauernden ermöglichen, die vielen Facetten des Verlustes zu durchleben, zu verarbeiten und schließlich zu heilen.

Traurigkeit

Traurigkeit ist oft das erste und stärkste Gefühl, das Trauernde erleben.

Funktion: Traurigkeit ist das offensichtlichste Gefühl in der Trauer. Sie hilft, den Verlust zu akzeptieren und dem Schmerz Raum zu geben. Traurigkeit drückt aus, wie wichtig die verlorene Person war, und ist ein natürlicher Schritt im Heilungsprozess.

Gut für: Das Zulassen von Traurigkeit ist wichtig, um die emotionale Belastung loszulassen und nicht zu unterdrücken.

Schuld

Schuldgefühle tauchen oft in der Trauer auf.

Funktion: Schuldgefühle entstehen oft durch das Gefühl, nicht genug getan zu haben, etwas falsch gemacht zu haben oder Chancen verpasst zu haben. Diese Emotion kann helfen, das eigene Verhalten und die Beziehung zum Verstorbenen zu reflektieren.

Gut für: Schuldgefühle bieten die Gelegenheit, sich mit ungelösten Themen auseinanderzusetzen, Vergebung (auch sich selbst gegenüber) zu üben und Frieden zu finden.

Angst

Angst in der Trauer kann aus der Unsicherheit über die Zukunft ohne die verstorbene Person entstehen.

Funktion: Der Verlust eines geliebten Menschen kann Ängste auslösen, etwa vor der eigenen Sterblichkeit oder vor dem Alleinsein.

Angst signalisiert, dass man sich in einer unsicheren Situation befindet und gibt die Möglichkeit, sich mit neuen Realitäten auseinanderzusetzen.
Gut für: Angst kann dabei helfen, sich mit der Ungewissheit des Lebens und der Vergänglichkeit zu beschäftigen und einen neuen Sinn im Leben zu finden.

Erschöpfung

Erschöpfung ist im Trauerprozess eine natürliche Reaktion des Körpers und Geistes.
Funktion: Körperliche und emotionale Erschöpfung ist eine natürliche Reaktion auf den Stress, den Trauer mit sich bringt. Sie zeigt, dass der Körper und Geist Zeit zur Erholung brauchen.
Gut für: Erschöpfung fordert den Trauernden auf, sich Ruhe zu gönnen und sich um die eigene Gesundheit zu kümmern. Sie kann als Signal dienen, sich Rückzugsräume zu schaffen.

Erleichterung

Erleichterung entsteht, wenn der Schmerz nachlässt und Friede einkehrt.
Funktion: In manchen Fällen, besonders nach einem langen Leidensweg des Verstorbenen, kann der Tod Erleichterung bringen. Dieses Gefühl zeigt, dass die Belastung – etwa durch das Leiden des geliebten Menschen – zu Ende ist.
Gut für: Erleichterung zeigt, dass der Trauernde bereit ist, loszulassen, und es kann den Weg zur Akzeptanz des Verlustes ebnen.

Verwirrung und Orientierungslosigkeit

Verwirrung entsteht, wenn der Verlust das gewohnte Leben durcheinanderbringt.
Funktion: Trauer kann Verwirrung und das Gefühl der Desorientierung auslösen, weil der gewohnte Alltag zusammenbricht.
Diese Emotion verdeutlicht, dass der Verlust das Leben tiefgreifend verändert hat.
Gut für: Verwirrung kann den Prozess unterstützen, sich mit der neuen Lebensrealität auseinanderzusetzen und nach neuen Wegen und Strukturen zu suchen.

Isolation

Isolation in der Trauer bietet Raum, Gefühle zu verarbeiten, kann aber langfristig den Weg zur Heilung erschweren.
Funktion: Viele Menschen ziehen sich während der Trauer zurück und isolieren sich. Dieser Rückzug bietet Raum, die eigenen Emotionen zu verarbeiten, ohne den äußeren Druck, stark zu sein.
Gut für: Isolation erlaubt es, sich selbst zu finden, in sich hineinzuhorchen und den Schmerz zu spüren, ohne abgelenkt zu werden. Wichtig ist, später wieder den Anschluss an soziale Unterstützung zu finden.

Hoffnung

Hoffnung in der Trauer bringt Zuversicht auf Heilung.

Funktion: Trotz aller Trauer können auch Momente der Hoffnung entstehen, wenn man anfängt, Licht am Ende des Tunnels zu sehen. Hoffnung zeigt, dass Heilung möglich ist und dass das Leben weitergeht.
Gut für: Hoffnung gibt Kraft, nach vorne zu schauen und sich wieder auf die Zukunft einzulassen. Sie ist ein wichtiges Zeichen für die Rückkehr zu einem neuen Gleichgewicht im Leben.

Liebe

Die Liebe darf bleiben.
Funktion: Auch, wenn der Verlust schmerzhaft ist, bleibt die Liebe zur verstorbenen Person bestehen. Diese Liebe hilft, die Erinnerungen zu bewahren und den Verstorbenen weiterhin im Herzen zu tragen.
Gut für: Liebe ermöglicht es, den Verstorbenen in Gedanken weiterleben zu lassen und Trost in den schönen Erinnerungen zu finden.

Dankbarkeit

Dankbarkeit lenkt den Blick auf das Positive
Funktion: Dankbarkeit für die gemeinsame Zeit und die Erlebnisse mit dem Verstorbenen kann in der Trauer aufkommen. Sie hilft, sich auf die positiven Aspekte der Beziehung zu konzentrieren.
Gut für: Dankbarkeit unterstützt die Verarbeitung des Verlustes, indem sie den Fokus auf das Positive lenkt und den Trauernden mit Frieden erfüllt.

Akzeptanz

Akzeptanz hilft sich neu aufzustellen
Funktion: Akzeptanz ist das Endziel der Trauerarbeit und bedeutet, dass der Verlust als Teil des Lebens anerkannt wird. Dieses Gefühl signalisiert, dass der Trauerprozess allmählich abgeschlossen wird.
Gut für: Akzeptanz hilft, sich mit der neuen Lebenssituation abzufinden und wieder in den Alltag zurückzufinden, ohne den Verstorbenen zu vergessen.

Wut

Funktion: Wut kann durch das Gefühl der Ungerechtigkeit über den Verlust entstehen. Sie hilft, intensive Emotionen zu kanalisieren und gibt der Trauer Ausdruck, insbesondere, wenn es keine klaren Antworten auf den Verlust gibt. Jedoch wird sie oft falsch eingeordnet, weshalb diese wichtige Emotion im Anschluss näher betrachtet werden muss.
Gut für: Wut kann dabei helfen, sich von überwältigender Trauer zu lösen und sich aktiver mit dem Verlust auseinanderzusetzen. Sie gibt Energie, um den nächsten Schritt in der Verarbeitung zu machen.

„Wut“ – warum es so wichtig ist, sie richtig einzuordnen

Wut in der Trauer wird oft missverstanden. Dabei ist es wichtig, die Wut zuzulassen, da sie Teil des natürlichen Heilungsprozesses ist. Freunde und Familienangehörige sollten Verständnis zeigen, anstatt zu versuchen, die Wut zu unterdrücken oder rational zu erklären. Das Ausdrücken von Wut kann helfen, tiefere Gefühle des Schmerzes und der Traurigkeit zu verarbeiten.

Lassen Sie uns hier einen kleinen gedanklichen Ausflug zum Thema „Wut“ unternehmen:

Aus psychologischer Sicht ist Wut eine komplexe Emotion, die als Reaktion auf Frustration, Bedrohung, Ungerechtigkeit oder Verletzung entsteht. Sie ist eine natürliche Reaktion auf Situationen, in denen sich eine Person angegriffen, bedroht oder unfair behandelt fühlt. Psychologisch gesehen hat Wut verschiedene Funktionen und Aspekte, die sowohl positiv als auch negativ sein können:

Emotionale und biologische Grundlage von Wut

Wut entsteht in Teilen des Gehirns, die mit dem limbischen System verbunden sind, insbesondere in der Amygdala, die für emotionale Reaktionen verantwortlich ist.

Wenn wir Wut empfinden, aktiviert das autonome Nervensystem den „Kampf-oder-Flucht"-Mechanismus, was physiologische Reaktionen wie erhöhte Herzfrequenz, Blutdruckanstieg und die Freisetzung von Stresshormonen wie Adrenalin auslöst. Diese körperlichen Veränderungen bereiten den Körper darauf vor, auf eine wahrgenommene Bedrohung zu reagieren.

Ursachen von Wut

Wut wird oft durch äußere Ereignisse ausgelöst, kann aber auch durch innere Zustände wie ungelöste Konflikte, Stress oder vergangene Traumata hervorgerufen werden. Typische Auslöser für Wut sind:

Frustration: Wenn eine Person in ihren Zielen blockiert wird oder wiederholt Hindernisse erlebt.

Ungerechtigkeit: Wenn jemand das Gefühl hat, unfair behandelt worden zu sein.

Verletzung oder Kränkung: Wenn das Selbstwertgefühl oder das Ego angegriffen wird.

Bedrohung oder Angst: Wut kann eine Reaktion auf Angst oder das Gefühl sein, in Gefahr zu sein.

Funktion von Wut

Aus psychologischer Sicht hat Wut mehrere potenziell nützliche Funktionen:

Selbstschutz: Wut kann eine Reaktion auf Bedrohung oder Ungerechtigkeit sein und motiviert Menschen, sich zu verteidigen und ihre Grenzen zu schützen.

Motivationsfaktor: Wut kann Menschen dazu antreiben, aktiv zu werden, um Veränderungen herbeizuführen, besonders, wenn sie sich unterdrückt oder ungerecht behandelt fühlen.
Kommunikation: Wut signalisiert anderen, dass ein Problem besteht und Grenzen überschritten wurden. Sie kann dazu beitragen, Probleme zu erkennen und anzugehen.

Wut als destruktive Kraft

Während Wut nützlich sein kann, wenn sie auf produktive Weise kanalisiert wird, kann sie auch destruktiv wirken:
Aggression: Unkontrollierte Wut kann in aggressives Verhalten münden, das sowohl physisch als auch verbal schädlich sein kann.
Beziehungsprobleme: Menschen, die Schwierigkeiten haben, ihre Wut zu kontrollieren, können ihre Beziehungen zu anderen Menschen belasten oder zerstören.
Gesundheitliche Folgen: Chronische Wut kann langfristig gesundheitliche Probleme wie Bluthochdruck, Herzkrankheiten oder ein erhöhtes Risiko für Schlaganfälle verursachen.

Bewältigung von Wut

Die psychologische Forschung legt nahe, dass der Umgang mit Wut entscheidend dafür ist, ob sie zu einer produktiven oder destruktiven Kraft wird. Zu den Methoden zur Wutbewältigung gehören:
Selbstregulation: Techniken wie Achtsamkeit, tiefes Atmen oder das Erlernen von Entspannungstechniken können helfen, physiologische Reaktionen auf Wut zu kontrollieren.

Kognitive Umstrukturierung: Diese Technik hilft Menschen, ihre Gedankenmuster zu erkennen und negative oder verzerrte Denkmuster zu verändern, die Wut verstärken können.
Kommunikation: Durch das Erlernen von Techniken der gewaltfreien Kommunikation können Menschen ihre Wut auf konstruktive Weise ausdrücken, ohne sich oder andere zu verletzen.
Aggressionsabbau: Sportliche Betätigung, kreative Tätigkeiten oder das bewusste Ausdrücken der Emotionen (z. B. durch Schreien oder Gespräche) können helfen, aufgestaute Wut abzubauen.

Wut und andere Emotionen

Wut steht oft im Zusammenhang mit anderen Emotionen wie Angst, Trauer oder Enttäuschung. Manchmal dient Wut als „Schutzmantel" für tiefere Gefühle, die schwerer zu akzeptieren oder zu verarbeiten sind. In diesem Fall kann Wut eine sekundäre Emotion sein, die sich aus einem zugrundeliegenden emotionalen Konflikt entwickelt hat.

Zusammengefasst ist Wut eine vielschichtige Emotion, die sowohl eine notwendige als auch problematische Rolle im Leben spielen kann.
Wenn Wut nicht richtig verstanden und bewältigt wird, kann sie zu destruktiven Verhaltensweisen führen. Wenn sie jedoch produktiv genutzt wird, kann sie ein starker Antrieb für positive Veränderungen und Selbstschutz sein.

Wege zur Bewältigung von Trauer

Trauer ist ein individueller Prozess, der bei jedem Menschen unterschiedlich verläuft. Es gibt jedoch verschiedene bewährte Methoden, um mit dem Schmerz des Verlusts umzugehen und ihn zu verarbeiten. Hier sind einige der wichtigsten Wege zur Trauerbewältigung.

Selbsthilfegruppen

Selbsthilfegruppen bieten Trauernden die Möglichkeit, ihre Erfahrungen mit anderen zu teilen, die ähnliche Verluste erlitten haben. Das Gefühl, nicht allein zu sein, kann für viele Trauernde sehr tröstlich sein. In einer Selbsthilfegruppe können Trauernde offen über ihre Gefühle sprechen und lernen, wie andere Menschen ähnliche Situationen bewältigen. Diese Gruppen bieten auch Unterstützung in Momenten, in denen sich Trauernde isoliert oder unverstanden fühlen.

Therapie

Eine weitere Möglichkeit zur Trauerbewältigung ist die professionelle Therapie, insbesondere durch Trauerbegleiter oder Psychotherapeuten, die auf den Umgang mit Verlust spezialisiert sind. Trauertherapie kann besonders hilfreich sein, wenn der Trauerprozess kompliziert oder chronisch wird. Es gibt verschiedene Therapieansätze, die je nach Bedarf eingesetzt werden können, wie kognitive Verhaltenstherapie, die Achtsamkeitsbasierte Stressreduktion oder die Traumatherapie. Therapeuten bieten nicht nur emotionale Unterstützung, sondern helfen auch dabei, schädliche Denkmuster zu erkennen und positive Bewältigungsstrategien zu entwickeln. Für manche Menschen kann es schwierig sein, allein oder mit Familie über ihre Gefühle zu sprechen – in solchen Fällen bietet die Therapie einen neutralen und sicheren Raum.

Spirituelle Unterstützung

Für viele Menschen spielt auch die spirituelle Ebene eine große Rolle im Trauerprozess. Religionen bieten Rituale und Glaubenssätze, die den Tod als Teil eines größeren Plans oder Kreislaufs erklären. Dies kann Trost und Hoffnung spenden. In vielen Kulturen sind religiöse Riten tief in den Trauerprozess eingebunden, sei es durch Gebete, Gedenkgottesdienste oder den Glauben an ein Leben nach dem Tod.
Spirituelle Unterstützung kann auch durch die Teilnahme an Gemeinschaftsritualen oder durch Gespräche mit einem Seelsorger erfolgen. Selbst für Menschen ohne religiösen Glauben können spirituelle Praktiken wie Meditation, Achtsamkeit oder Naturerfahrungen helfen, eine tiefere Verbindung zum Leben und Tod zu finden.

Wie kann man die Erinnerung an den Verstorbenen bewahren? Rituale und Erinnerungen

Die Erinnerung an einen geliebten Menschen zu bewahren, ist ein wichtiger Teil des Trauerprozesses. Rituale und besondere Gedenkpraktiken helfen Trauernden, den Verstorbenen in ihr Leben zu integrieren, auch wenn die physische Präsenz fehlt.

Erinnerungsrituale

Erinnerungsrituale können sehr individuell sein und reichen von traditionellen Gedenkfeiern bis hin zu persönlichen Ritualen. Beispiele sind das Anzünden von Kerzen an besonderen Jahrestagen, das Aufstellen eines Fotoalbums oder das Besuchen von Orten, die für den Verstorbenen von Bedeutung waren. Einige Familien pflanzen Bäume oder schaffen Erinnerungsorte, die den Verstorbenen ehren und eine ständige Verbindung zu ihnen darstellen.

Materielle Erinnerungsstücke

Materielle Gegenstände wie Fotos, Kleidung oder persönliche Besitztümer des Verstorbenen können ebenfalls helfen, die Erinnerung lebendig zu halten. Einige Menschen tragen symbolische Gegenstände, wie Schmuckstücke oder eine Gedenkmedaille, die an den Verstorbenen erinnern. Solche Gegenstände schaffen eine greifbare Verbindung und bieten Trost.

Langfristige Heilung: Den Verlust akzeptieren und nach vorne blicken

Die langfristige Heilung von Trauer bedeutet nicht, dass man den Verlust „vergisst“ oder dass der Schmerz vollständig verschwindet. Vielmehr geht es darum, einen neuen Weg zu finden, mit dem Verlust zu leben. Dies beinhaltet die Integration der Erinnerung an den Verstorbenen in das eigene Leben und die Akzeptanz, dass der Verlust Teil der eigenen Lebensgeschichte ist.

Akzeptanz und Weiterleben

Der Prozess der Akzeptanz bedeutet, dass Trauernde erkennen, dass der Schmerz und der Verlust Teil ihres Lebens sind, aber nicht das gesamte Leben bestimmen müssen. Es geht darum, Platz für neue Erfahrungen und Beziehungen zu schaffen, ohne den Verstorbenen zu vergessen. Akzeptanz ist kein linearer Prozess, sondern etwas, das sich im Laufe der Zeit entwickelt.

Neubeginn

Viele Trauernde finden nach einer Zeit des Rückzugs neue Bedeutung und Ziele im Leben. Dieser Prozess kann durch berufliche oder soziale Neuanfänge, neue Hobbys oder Aktivitäten unterstützt werden. Die Fähigkeit, nach vorne zu blicken, bedeutet nicht, dass man den Verstorbenen weniger liebt, sondern dass man das Leben wieder annimmt, mit all seinen Veränderungen und Herausforderungen.

Die „Vier Phasen der Trauer“ von Verena Kast

Das Trauermodell von Verena Kast ist ein mehrphasiges Konzept, das die Trauer als einen dynamischen Prozess versteht, der in verschiedenen Phasen abläuft. Verena Kast, eine schweizerische Psychotherapeutin, entwickelte dieses Modell, um den individuellen Umgang mit Verlust und Trauer besser zu verstehen und zu begleiten. Ihr Modell betont, dass Trauer keine lineare Entwicklung ist, sondern in Phasen abläuft, die oft ineinander übergehen oder sich wiederholen können. Die Phasen sind nicht zwingend in einer festen Reihenfolge durchlaufen, sondern können variabel und individuell unterschiedlich erlebt werden.

1. **Phase des Nicht-wahrhaben-Wollens**
Diese Phase beschreibt den Schock, den Betroffene unmittelbar nach dem Verlust erleben. Die Realität des Verlustes wird oft verleugnet, man möchte es nicht wahrhaben oder empfindet eine Art emotionale Starre. Gefühle wie Taubheit und Fassungslosigkeit dominieren diese Phase.
2. **Phase der aufbrechenden Emotionen**:
In dieser Phase kommen intensive Emotionen wie Schmerz, Wut, Angst oder Schuldgefühle an die Oberfläche. Es ist eine Zeit des emotionalen Aufruhrs, in der Betroffene oft stark mit ihren Gefühlen kämpfen und sich möglicherweise auch hilflos fühlen.

3. Phase des Suchens und Sich-Trennens:
Diese Phase ist geprägt von dem Versuch, sich innerlich von der verstorbenen Person zu lösen. Betroffene suchen nach einem neuen Platz für den Verstorbenen in ihrem Leben und ihrem emotionalen Gedächtnis. Dies kann durch Erinnerungen, Träume oder das Suchen nach Zeichen geschehen. Gleichzeitig setzt jedoch auch der Prozess des Loslassens ein.
4. Phase des neuen Selbst- und Weltbezugs:
Schließlich beginnt eine Phase, in der sich Betroffene langsam neu orientieren und in die Zukunft blicken. Die Trauer tritt in den Hintergrund, und das Leben kann wieder bewusst gestaltet werden. Es entsteht eine neue Lebensperspektive, in der der Verstorbene einen anderen, weniger präsenten Platz einnimmt.

Dieses Modell betont, dass Trauer ein aktiver Prozess ist, der mit der Bewältigung des Verlustes und der Wiederfindung einer neuen Lebensbalance einhergeht. Jeder Mensch trauert unterschiedlich, und es gibt keine festgelegte Zeit, in der die Phasen durchlaufen werden müssen.

Die „Sechs Aufgaben der Trauer“ von William Worden

Trauer wird oft als eine Abfolge von Gefühlsphasen beschrieben, doch in Wirklichkeit handelt es sich um einen komplexen und dynamischen Prozess, der bei jedem Menschen unterschiedlich verläuft. Trauer betrifft nicht nur unsere Emotionen, sondern auch unser Denken, Verhalten und unsere körperliche Gesundheit. Wissenschaftliche Studien haben gezeigt, dass Trauer eine natürliche Reaktion auf Verlust ist, die uns hilft, mit dem Tod oder dem Verlust eines geliebten Menschen umzugehen. Ein umfassenderes Verständnis von Trauer geht über die klassischen Phasen hinaus und betrachtet den Prozess als eine Reihe von Aufgaben, die Trauernde bewältigen müssen, um langfristige Heilung zu erreichen.

Der amerikanische Psychologe William Worden hat mit seinem Modell der „Aufgaben der Trauer“ eine nützliche Perspektive auf den Trauerprozess geschaffen. Dieses Modell unterscheidet sich von manch klassischen Modellen, da es Trauer als aktiven Prozess beschreibt, in dem Trauernde Aufgaben bewältigen, um den Verlust zu verarbeiten. Wordens Modell bietet sechs zentrale Aufgaben der Trauer, die nachfolgend genauer erläutert werden. Wichtig bei diesem Modell ist die Tatsache, dass die Reihenfolge frei wählbar ist und sich während der Trauerprozesse individuell ergeben. Manchmal werden auch Aufgaben parallel bearbeitet.

Sie haben durch dieses transparente Modell nun die Möglichkeit die Vogelperspektive einzunehmen, damit Sie wissen was intuitiv bei Ihnen passiert bzw. wenn Sie den Eindruck haben, Ihr ganz persönlicher Trauerprozess stockt, dann können Sie sich die 6 Aufgaben der Trauer noch einmal zu Gemüte führen.
Hauptsache Sie wissen, dass es diese **"6 Aufgaben der Trauer"** gibt.
Wenn man diese Aufgaben verinnerlicht hat, versteht man auch die eigene Trauer besser und welche Aufgaben einem in diesem Kontext gestellt werden, damit man die Trauer bewältigen kann. Nur ausharren und hoffen, dass es irgendwann besser wird, denn die Zeit heilt bekanntlich alle Wunden, genügt meist nicht.

1. Aufgabe:
Die Realität des Verlustes akzeptieren
Die erste Aufgabe der Trauer besteht darin, die Realität des Verlustes zu akzeptieren. Es ist nicht ungewöhnlich, dass Menschen nach dem Tod eines geliebten Menschen das Gefühl haben, dass der Tod nicht wirklich geschehen ist. Diese Verleugnung ist ein Schutzmechanismus, der es dem Trauernden ermöglicht, mit der schmerzhaften Realität umzugehen.
Der Trauernde muss erkennen, dass der Verlust endgültig ist und dass der geliebte Mensch nicht zurückkehrt.

Dies kann emotional überwältigend sein und nimmt oft Zeit in Anspruch. Rituale wie Beerdigungen und Gedenkfeiern können helfen, diese Realität zu akzeptieren. Auch die physische Abwesenheit des Verstorbenen im Alltag – wie das Fehlen eines morgendlichen Anrufs oder das leere Bett – erinnert immer wieder an den Verlust und fördert die allmähliche Akzeptanz.

2. Aufgabe:
Den Schmerz der Trauer erfahren und verarbeiten

Trauer ist mit intensiven Emotionen wie Schmerz, Traurigkeit, Wut, Angst und Schuldgefühlen verbunden. Die zweite Aufgabe der Trauer besteht darin, diese Gefühle zuzulassen und zu verarbeiten, anstatt sie zu verdrängen oder zu ignorieren. Der Versuch, den Schmerz zu vermeiden, kann den Trauerprozess blockieren und langfristige emotionale Probleme verursachen.

Es ist wichtig, den Schmerz aktiv zu durchleben, auch wenn es sich schmerzhaft anfühlt. Der Verlust kann auf viele verschiedene Weisen erlebt werden – emotional, körperlich und geistig. Trauer zu unterdrücken ist oft kontraproduktiv. Trauergruppen, Therapie oder das offene Gespräch mit Freunden und Familie können dabei helfen, diesen Schmerz zu bewältigen.

3. Aufgabe:
Sich an das Leben ohne den Verstorbenen anpassen

Die dritte Aufgabe ist es, sich an das Leben ohne den Verstorbenen anzupassen. Dies bedeutet, sowohl die äußeren als auch die inneren Veränderungen zu akzeptieren, die der Verlust mit sich bringt. Im Alltag kann dies bedeuten, neue Verantwortlichkeiten zu übernehmen, die zuvor der Verstorbene wahrgenommen hat – zum Beispiel die Haushaltsführung oder die finanzielle Verwaltung. Dies kann für viele Menschen überwältigend sein, besonders, wenn sie zuvor stark auf den Verstorbenen angewiesen waren.

Auf einer tieferen, emotionalen Ebene geht es bei dieser Aufgabe auch darum, das eigene Selbstbild anzupassen.

Die Rolle des Trauernden in der Beziehung zum Verstorbenen muss neu definiert werden.

Dies kann bedeuten, dass man sich selbst nicht mehr als Ehepartner, Kind oder Freund des Verstorbenen sieht, sondern als jemand, der in einer Welt ohne diese wichtige Person weiterlebt. Nämlich als Witwer, als verwaistes Kind, als ein Mensch ohne den besten Freund an seiner Seite. Dies erfordert oft Zeit und Geduld, um sich emotional und praktisch neu zu orientieren.

4. Aufgabe:

Eine neue Beziehung zu dem Verstorbenen finden

Die vierte Aufgabe der Trauer, wie sie von William Worden beschrieben wird, besteht darin, eine neue, andersartige Beziehung zum Verstorbenen zu finden. Dies bedeutet nicht, den Verstorbenen zu vergessen oder loszulassen, sondern ihn auf eine Weise in das eigene Leben zu integrieren, die es dem Trauernden ermöglicht, weiterzuleben.

Viele Trauernde entwickeln Rituale oder Gedenkpraktiken, die ihnen helfen, diese neue Beziehung zu gestalten. Zum Beispiel kann man durch das Aufstellen von Fotos, das Feiern von Geburtstagen oder das Besuchen des Grabes eine ständige Verbindung zum Verstorbenen aufrechterhalten. Solche Rituale sind hilfreich, um die Erinnerung lebendig zu halten, ohne in der Vergangenheit stecken zu bleiben.

Es ist wichtig, diese neue Beziehung zu entwickeln, um eine gesunde Trauerverarbeitung zu ermöglichen. Ein ständiges Festhalten an der Vergangenheit kann verhindern, dass man nach vorne schaut und neue Lebensperspektiven entwickelt.

5. Aufgabe:

Sich neuen Rollen und Identitäten öffnen

Trauer verändert die Identität eines Menschen oft grundlegend. Wenn ein Mensch stirbt, verändert sich das soziale Gefüge des Trauernden. Die Rolle, die der Verstorbene in seinem Leben gespielt hat, muss nun neu definiert werden.

Es ist oft notwendig, sich neuen sozialen Rollen zu öffnen – sei es als alleinstehender Elternteil, als Witwer oder als eigenständiger, unabhängiger Mensch, der eine neue Phase des Lebens beginnt.
Diese Anpassung an neue Rollen kann äußerst herausfordernd sein, da sie den Trauernden dazu zwingt, sich mit Unsicherheiten und Veränderungen auseinanderzusetzen. Unterstützung von Freunden und Familie ist in dieser Phase von unschätzbarem Wert, da sie helfen können, neue Perspektiven zu entwickeln und die trauernde Person emotional zu stärken.

6. Aufgabe:
Wieder lernen, Freude zu empfinden und dem Leben neue Bedeutung geben

Die letzte Aufgabe im Trauerprozess besteht darin, wieder zu lernen, Freude zu empfinden und dem Leben neue Bedeutung zu geben. Diese Aufgabe ist oft die schwierigste, da sie den Trauernden dazu zwingt, nicht nur die Vergangenheit loszulassen, sondern sich aktiv für die Zukunft zu öffnen. Trauernde müssen erkennen, dass es möglich ist, trotz des Verlustes wieder Glück und Erfüllung zu finden. Dies bedeutet nicht, den Verstorbenen zu vergessen, sondern zu akzeptieren, dass das Leben weitergeht.
Viele Menschen finden neue Bedeutung im Leben, indem sie neue Beziehungen aufbauen, neue Hobbys entwickeln oder sich beruflich oder sozial neu orientieren. Der Prozess der Trauer ermöglicht es dem Trauernden, wieder Hoffnung zu finden und in einer neuen Realität Fuß zu fassen.

Wissenschaftliche Erkenntnisse zur Trauer als Prozess

Die Forschung zeigt, dass Trauer nicht linear verläuft und kein festgelegtes „Ende" hat. Stattdessen ist sie ein wellenförmiger Prozess, der Höhen und Tiefen durchläuft. Ein wesentlicher Aspekt moderner Trauerforschung ist die Erkenntnis, dass Trauer nicht nur eine emotionale, sondern auch eine kognitive und soziale Herausforderung ist.

Moderne Theorien wie das Duale **Prozessmodell der Trauer** von **Margaret Stroebe** und **Henk Schut** legen nahe, dass Trauernde zwischen zwei Zuständen schwanken: der Fokussierung auf den Verlust und der Anpassung an das neue Leben ohne den Verstorbenen. Dieses Modell betont, dass es normal ist, Phasen der Traurigkeit mit Phasen des Alltagslebens abzuwechseln und dass beides notwendig ist, um den Trauerprozess zu durchlaufen.

Zusammenfassend lässt sich sagen, dass die Trauer ein fortlaufender Prozess ist, der viele Dimensionen umfasst. Die sechs Aufgaben der Trauer von William Worden bieten einen hilfreichen Rahmen, um Trauer als aktiven Prozess zu verstehen, der es ermöglicht, den Verlust zu verarbeiten, ohne den Verstorbenen zu vergessen. Dieser Prozess der Bewältigung erfordert Zeit, Geduld und oft auch die Unterstützung von Familie und Freunden.

Träume im Trauerprozesses

Die Rolle von Träumen und Symbolik: Wie Träume von Verstorbenen und die Verwendung von Symbolik in Abschiedsritualen zur Trauerbewältigung beitragen können

Trauer ist ein komplexer emotionaler Prozess, bei dem die Hinterbliebenen oft auf vielfältige Weise mit ihrem Verlust umgehen. In diesem Zusammenhang spielen Träume und symbolische Handlungen eine bedeutende Rolle, da sie tief in der menschlichen Psyche verwurzelt sind. Träume von Verstorbenen und die Verwendung von Symbolik in Abschiedsritualen können wichtige Hilfsmittel bei der Trauerbewältigung sein, da sie den Trauernden eine Möglichkeit bieten, ihren Verlust zu verarbeiten und eine anhaltende Verbindung zu den Verstorbenen herzustellen.

Dieses Kapitel untersucht die Bedeutung von Träumen und Symbolik im Trauerprozess und zeigt auf, wie diese Elemente dazu beitragen können, das emotionale Gleichgewicht in der Zeit der Trauer wiederherzustellen. Es wird die psychologische Bedeutung von Träumen in der Trauer erforscht und dargelegt, wie symbolische Handlungen in Ritualen den Trauernden helfen, den Verlust zu akzeptieren und einen würdigen Abschied zu gestalten.

Die Bedeutung von Träumen in der Trauerbewältigung

Träume haben seit jeher eine besondere Bedeutung in verschiedenen Kulturen und Glaubenssystemen. Sie werden oft als Botschaften aus dem Unbewussten interpretiert, die uns helfen, schwierige emotionale Themen zu verarbeiten. In Zeiten der Trauer, insbesondere nach dem Verlust eines geliebten Menschen, können Träume eine intensive emotionale Resonanz auslösen und eine tiefere Verbindung zu dem Verstorbenen herstellen.

a) Träume als Verarbeitung des Verlustes

In der Trauerpsychologie wird angenommen, dass Träume eine wichtige Rolle bei der Verarbeitung von Verlusten spielen. Der Psychologe Carl Gustav Jung sah Träume als direkten Zugang zum Unbewussten, das über Symbole und Bilder kommuniziert. In der Trauerphase können Träume von Verstorbenen ein Spiegelbild der Sehnsüchte, ungelöster Emotionen oder des Bedürfnisses nach Abschied sein. Diese Träume ermöglichen es den Trauernden, den Verstorbenen auf einer symbolischen Ebene zu „besuchen" und ungelöste Gefühle zu verarbeiten.

Viele Menschen berichten davon, dass sie in der Trauerphase von Verstorbenen träumen. Diese Träume können beruhigend und tröstend sein, besonders wenn der Verstorbene im Traum als friedlich und liebevoll dargestellt wird. Sie bieten die Möglichkeit, unerledigte Angelegenheiten oder emotionale Konflikte zu klären, die im Wachzustand möglicherweise nicht vollständig gelöst wurden.

Oftmals berichten Trauernde, dass sie durch diese Träume eine Art „letztes Gespräch“ mit dem Verstorbenen führen können, was den Trauerprozess erleichtert.

b) Symbolik in Träumen von Verstorbenen

Träume sind reich an Symbolik, und in der Trauer können diese Symbole besonders kraftvoll sein. Ein häufiges Traumsymbol in der Trauer sind Tiere, die als Stellvertreter des Verstorbenen erscheinen. Ein Vogel, der im Traum frei fliegt, kann beispielsweise den Übergang des Verstorbenen in eine andere Dimension oder die spirituelle Freiheit symbolisieren. Auch Gegenstände wie Türen, Brücken oder Wasser können im Traum als Symbole für Übergänge oder Verbindungen zwischen den Lebenden und den Verstorbenen interpretiert werden.

Solche Träume sind oft tief mit den Emotionen der Trauernden verbunden und können eine heilende Wirkung haben, indem sie das Gefühl vermitteln, dass der Verstorbene in irgendeiner Form weiterhin präsent ist. In manchen Kulturen wird sogar geglaubt, dass die Verstorbenen den Lebenden im Traum „besuchen“, um ihnen Frieden und Trost zu spenden.

c) Verbindung zu den Verstorbenen durch Träume

In vielen Kulturen gelten Träume von Verstorbenen als besondere Momente, in denen die Lebenden mit den Toten kommunizieren können. Diese Träume bieten eine Möglichkeit, weiterhin eine Verbindung zu den Verstorbenen zu spüren, was besonders tröstlich sein kann.

Auch wenn diese Träume rein symbolisch sind, können sie den Trauernden helfen, eine innere Balance zu finden, indem sie das Gefühl vermitteln, dass der geliebte Mensch auf irgendeine Weise weiterhin anwesend ist.
Es wird angenommen, dass Träume den Trauernden auch bei der emotionalen „Loslösung“ helfen können, die Teil der Bewältigung des Verlustes ist. Träume, in denen der Verstorbene den Trauernden „verabschiedet“ oder ihm sagt, dass es Zeit ist, weiterzuleben, werden oft als wichtiger Schritt in der Trauerarbeit gesehen, der hilft, den Verlust zu akzeptieren und emotional zu heilen.

Fazit

Träume und Symbolik spielen eine zentrale Rolle in der Trauerbewältigung, indem sie den Trauernden ermöglichen, ihren Verlust auf einer tiefen, emotionalen und spirituellen Ebene zu verarbeiten. Träume von Verstorbenen bieten Trost und eine Möglichkeit, ungelöste Gefühle zu klären, während symbolische Handlungen in Abschiedsritualen helfen, den Verlust zu akzeptieren und eine bleibende Verbindung zu den Verstorbenen herzustellen. Sowohl Träume als auch Symbolik können somit einen heilsamen Beitrag zur Trauerarbeit leisten und den Trauernden helfen, in ihrem emotionalen Prozess voranzukommen.

Die Bedeutung von Ritualen

Rituale haben in vielen Kulturen und Traditionen seit jeher eine tief verwurzelte Bedeutung im Umgang mit Tod und Trauer. Sie bieten den Trauernden Halt, Struktur und ermöglichen es ihnen, den Verlust eines geliebten Menschen in symbolischer Form zu verarbeiten. Rituale im Trauerkontext sind oft eine Mischung aus kulturellen, religiösen und persönlichen Elementen, die den Trauerprozess erleichtern und eine tiefere Verbindung zwischen den Lebenden und den Verstorbenen schaffen.

Dieses Kapitel beleuchtet die zentrale Rolle, die Rituale in der Trauerbewältigung spielen, und zeigt, wie sie dazu beitragen, den Trauernden emotionale und spirituelle Unterstützung zu bieten.

Rituale als Mittel zur Bewältigung des Verlustes

Ein wesentliches Merkmal von Trauerritualen ist ihre Fähigkeit, den Trauernden in der Phase des emotionalen Schmerzes und des Verlustes Orientierung und Stabilität zu geben. Rituale schaffen eine Struktur, in der Trauer ausgedrückt und verarbeitet werden kann. Der Tod stellt für viele Menschen eine existenzielle Herausforderung dar, und Rituale bieten einen Raum, in dem diese tiefen Gefühle in geordneter Form zum Ausdruck gebracht werden können.

a) Rituale und der Übergang

In der Anthropologie und Soziologie wird der Tod oft als ein Übergangsritual betrachtet, bei dem das verstorbene Individuum von der Welt der Lebenden in eine neue Existenzform übergeht, sei es im Jenseits, in einer anderen spirituellen Dimension oder im Gedächtnis der Hinterbliebenen. In diesem Kontext dienen Rituale dazu, diesen Übergang zu symbolisieren und für die Trauernden fassbar zu machen.

In vielen Kulturen sind Rituale rund um den Tod fest verankert. Die Begräbniszeremonie selbst, sei es eine religiöse oder eine weltliche, markiert diesen Übergang und hilft den Hinterbliebenen, den Verlust in einem sicheren und kontrollierten Rahmen zu verarbeiten. Durch die Teilnahme an Ritualen erleben die Trauernden eine Art Gemeinschaftserlebnis, das ihnen hilft, den Schmerz des Verlustes zu teilen und zu mildern.

b) Struktur und Wiederholung

Ein zentraler Aspekt von Ritualen ist ihre Wiederholbarkeit. Rituale folgen oft festen Abläufen, die in vielen Kulturen über Jahrhunderte weitergegeben wurden. Diese Wiederholungen schaffen Vorhersehbarkeit und geben den Trauernden ein Gefühl von Sicherheit und Kontrolle in einer Situation, die von Ungewissheit und Verlust geprägt ist. Das wiederholte Anzünden einer Kerze, das Halten von Momenten der Stille oder das Sprechen von Gebeten und Segenswünschen vermitteln den Hinterbliebenen ein Gefühl von Beständigkeit und beruhigender Ordnung.

Symbolik in Trauerritualen

Symbolik spielt eine zentrale Rolle in Trauerritualen. Durch die Verwendung von Symbolen wird der Verlust auf einer tieferen, oft spirituellen Ebene verarbeitet und kommuniziert. Symbole fungieren als Brücke zwischen dem Bewussten und Unbewussten und ermöglichen es den Trauernden, ihre Gefühle und Gedanken auszudrücken, auch wenn sie sprachlich schwer fassbar sind.

a) Symbolische Elemente in religiösen und weltlichen Ritualen

Religiöse Symbole wie Kreuze, Kerzen, Weihwasser oder Gebetstücher haben in vielen Trauerritualen eine starke Bedeutung. Das Kreuz im Christentum steht symbolisch für den Glauben an die Auferstehung und das ewige Leben, während das Anzünden einer Kerze das Licht der Seele des Verstorbenen symbolisieren kann, dass auch nach seinem Tod weiter leuchtet. Der Gebrauch von Weihwasser repräsentiert die Reinigung und den Schutz der Seele auf ihrer Reise ins Jenseits. In weltlichen oder individuell gestalteten Abschiedszeremonien spielen oft persönliche Symbole eine Rolle, wie Lieblingsblumen des Verstorbenen, Gegenstände, die eine besondere Bedeutung für ihn hatten, oder Musik, die ihn im Leben begleitet hat. Diese Symbole drücken die Verbindung zum Verstorbenen aus und helfen den Trauernden, auf eine individuelle Art Abschied zu nehmen.

b) Die Rolle der Natur in symbolischen Ritualen

In vielen Kulturen hat die Natur eine wichtige symbolische Rolle in Trauerritualen. Elemente wie Erde, Wasser, Feuer und Luft werden verwendet, um den Kreislauf des Lebens zu verdeutlichen. In einigen Kulturen wird die Asche des Verstorbenen in einem Fluss verstreut, um den symbolischen Übergang von Leben zu Tod und zur Wiedergeburt zu verdeutlichen. Bäume oder Blumen zu pflanzen, ist ein weiteres Beispiel dafür, wie die Natur in Trauerrituale einbezogen wird, um die Vergänglichkeit des Lebens, aber auch die Möglichkeit von Neuem zu symbolisieren.

c) Rituale der Freigabe

Ein verbreitetes symbolisches Ritual ist die Freigabe von Tauben, Schmetterlingen oder Luftballons, die den Loslösungsprozess und das Abschiednehmen auf symbolische Weise ausdrücken. Diese Rituale helfen den Trauernden, den Tod als einen natürlichen Prozess des Loslassens zu akzeptieren und symbolisieren, dass der Verstorbene nun eine neue Dimension erreicht hat. Der Akt des „Freilassens“ vermittelt den Hinterbliebenen auch emotional die Notwendigkeit, den Verstorbenen gehen zu lassen, und unterstützt den Trauerprozess.

Rituale als soziale Funktion

Neben der individuellen Verarbeitung des Verlustes haben Rituale auch eine starke soziale Funktion. Sie bringen Menschen zusammen und schaffen Raum für kollektives Trauern und Erinnern.

In Gemeinschaft erlebte Rituale bieten den Hinterbliebenen die Möglichkeit, Unterstützung und Trost in der Gruppe zu finden, und fördern das Gefühl, dass man den Verlust nicht alleine durchstehen muss.

a) Gemeinschaftliche Rituale

Die Teilnahme an gemeinschaftlichen Trauerritualen wie Beerdigungen, Gedenkgottesdiensten oder Totenwachen fördert den Zusammenhalt der Hinterbliebenen. In vielen Kulturen ist es üblich, dass Familie, Freunde und Bekannte zusammenkommen, um gemeinsam zu trauern und sich gegenseitig Trost zu spenden. Solche kollektiven Rituale bieten nicht nur Raum für den persönlichen Ausdruck der Trauer, sondern schaffen auch ein soziales Netzwerk, das den Hinterbliebenen Halt gibt.

b) Erinnerungsrituale

Nach der eigentlichen Trauerfeier gibt es oft wiederkehrende Gedenkrituale, die das Andenken an den Verstorbenen bewahren sollen. Dazu gehören das jährliche Totengedenken, das Entzünden von Kerzen an Gedenkstätten oder das Besuchen von Gräbern an bestimmten Feiertagen. Solche Rituale erinnern die Hinterbliebenen daran, dass die Erinnerung an den Verstorbenen weiterlebt und er in gewisser Weise weiterhin Teil ihres Lebens bleibt.

c) Rituale der Gemeinschaftsbildung

Rituale haben auch die Funktion, die soziale Ordnung wiederherzustellen, die durch den Verlust eines geliebten Menschen gestört wurde. In vielen Kulturen gibt es spezifische Rituale, die die Trauerzeit beenden und den Hinterbliebenen signalisieren, dass es Zeit ist, in das alltägliche Leben zurückzukehren. Diese Rituale können beispielsweise durch das Tragen bestimmter Kleidung (wie Trauerkleidung) oder das Aufhören solcher Traditionen gekennzeichnet sein und signalisieren den Übergang von der Phase des intensiven Trauerns zu einem neuen Lebensabschnitt.

Rituale in der modernen Trauerkultur

In der modernen Trauerkultur, insbesondere in westlichen Gesellschaften, erleben wir zunehmend eine Individualisierung der Rituale. Menschen gestalten ihre Trauerrituale immer stärker nach ihren persönlichen Überzeugungen, anstatt sich ausschließlich auf religiöse Traditionen zu verlassen. Dieser Wandel spiegelt das Bedürfnis wider, authentische und bedeutsame Wege zu finden, um Abschied zu nehmen.

a) Personalisierte Rituale

Moderne Trauerzeremonien beinhalten oft Elemente, die den Charakter und die Vorlieben des Verstorbenen widerspiegeln. Anstelle formeller, standardisierter Rituale entscheiden sich viele Menschen für individuell gestaltete Abschiedsfeiern, die Musik, Bilder, Videos oder Lesungen einbeziehen, die die Persönlichkeit des Verstorbenen ehren.

Diese personalisierten Rituale helfen den Trauernden, eine tiefere Verbindung zu dem Verstorbenen herzustellen und den Abschied zu etwas Einzigartigem und Bedeutungsvollem zu machen.

b) Digitale Rituale

Mit dem Aufkommen digitaler Technologien haben sich auch neue Formen von Trauerritualen entwickelt. Virtuelle Gedenkseiten, Online-Kondolenzbücher oder Livestreams von Trauerfeiern ermöglichen es Menschen, auch über große Entfernungen hinweg an Trauerzeremonien teilzunehmen und ihren Verlust zu teilen. Digitale Rituale schaffen eine neue Form der Gemeinschaft und bieten einen erweiterten Raum für den Ausdruck von Trauer.

Fazit

Rituale spielen eine unverzichtbare Rolle im Trauerkontext, indem sie den Trauernden Struktur, Trost und die Möglichkeit geben, den Verlust auf einer symbolischen Ebene zu verarbeiten. Sie bieten eine Brücke zwischen dem Verstorbenen und den Hinterbliebenen und schaffen Raum für den Ausdruck von Emotionen und die Bewältigung des Verlustes.

Forschungsergebnisse zur Trauerbewältigung

In diesem Kapitel werden verschiedene Forschungsstudien und deren Ergebnisse vorgestellt, die verschiedene therapeutische Ansätze zur Trauerbewältigung beleuchten.

Eine Studie von **Bowlby und Parkes (1970)** untersuchte die Trauerreaktionen von Menschen, die einen geliebten Menschen verloren hatten, und bestätigte, dass Trauer ein individueller Prozess ist, der in verschiedenen Formen und über unterschiedliche Zeitspannen erlebt wird. Diese Erkenntnis ist grundlegend für die Entwicklung therapeutischer Ansätze, die auf die individuellen Bedürfnisse von Trauernden eingehen.

Therapeutische Ansätze zur Trauerbewältigung

Die Forschung hat verschiedene therapeutische Ansätze zur Trauerbewältigung identifiziert, die unterschiedliche Techniken und Methoden nutzen. Einige der gängigsten Ansätze sind:

a) Kognitive Verhaltenstherapie (KVT)
Die Kognitive Verhaltenstherapie hat sich als wirksam erwiesen, um Trauernde bei der Verarbeitung ihres Verlustes zu unterstützen. Eine Studie von **Nolen-Hoeksema und Morrow (1991)** zeigte, dass KVT-Methoden wie kognitive Umstrukturierung helfen können, dysfunktionale Gedanken über den Verlust zu identifizieren und zu ändern.

In einer randomisierten kontrollierten Studie wurde festgestellt, dass Trauernde, die KVT in Anspruch nahmen, signifikant weniger depressive Symptome aufwiesen und besser mit ihrer Trauer umgehen konnten.

b) Trauergruppe und Gruppentherapie

Die Teilnahme an Trauergruppen bietet eine wichtige Form der Unterstützung für Trauernde. Eine Meta-Analyse von **Carr et al. (2018)** fand heraus, dass die Teilnahme an Trauergruppen signifikant mit einer Verringerung von Trauer- und Depressionseffekten verbunden war. Gruppentherapie bietet den Teilnehmern die Möglichkeit, ihre Erfahrungen mit anderen zu teilen, die ähnliche Verluste erlebt haben, und dadurch einen Sinn für Gemeinschaft und Verständnis zu finden.

c) Trauercounseling

Trauercounseling ist ein individueller Ansatz, der auf die Bedürfnisse des Trauernden eingeht. Eine Studie von **Neimeyer (2000)** untersuchte die Wirksamkeit von Trauercounseling und stellte fest, dass Klienten, die an diesen Sitzungen teilnahmen, eine verbesserte Trauerbewältigung berichteten, einschließlich eines gesteigerten emotionalen Wohlbefindens und einer höheren Lebensqualität. Trauercounseling fokussiert sich oft auf das Erleben von Emotionen, das Erinnern an den Verstorbenen und das Finden von neuen Sinn- und Lebensperspektiven.

d) Achtsamkeitsbasierte Ansätze

Achtsamkeit hat sich als vielversprechender Ansatz zur Trauerbewältigung etabliert. Eine Studie von **Keng, Smoski und Robins (2011)** zeigt, dass achtsamkeitsbasierte Interventionen bei Trauernden zu einer signifikanten Reduzierung von Stress und einer Verbesserung des emotionalen Wohlbefindens führen können. Achtsamkeitspraktiken fördern die Akzeptanz der Trauer und helfen den Trauernden, im gegenwärtigen Moment zu bleiben, anstatt sich in negativen Gedanken über die Vergangenheit oder Zukunft zu verlieren.

Kulturelle und soziale Einflüsse auf die Trauerbewältigung

Die Forschung hat auch gezeigt, dass kulturelle und soziale Faktoren eine entscheidende Rolle bei der Trauerbewältigung spielen. Eine Studie von **Kissane und Bloch (2002)** untersuchte die Auswirkungen kultureller Rituale auf die Trauerverarbeitung und fand heraus, dass kulturelle Praktiken, die den Trauernden einen Rahmen bieten, ihre Gefühle auszudrücken und den Verlust zu verarbeiten, einen positiven Einfluss auf die Trauerbewältigung haben.

Die Unterstützung durch Familie und Freunde ist ebenfalls von großer Bedeutung. Eine Untersuchung von **Schut et al. (2008)** bestätigte, dass soziale Unterstützung und ein starkes soziales Netzwerk die Wahrscheinlichkeit verringern, dass Trauernde schwere depressive Symptome entwickeln. Die Studie hob hervor, dass Menschen, die sich emotional unterstützt fühlten, besser mit ihrer Trauer umgehen konnten.

Der Einfluss von Zeit auf den Trauerprozess

Die Forschung hat auch gezeigt, dass der Zeitfaktor eine wesentliche Rolle im Trauerprozess spielt. Eine Langzeitstudie von **Stroebe et al. (2005)** untersuchte den Verlauf der Trauer über mehrere Jahre und stellte fest, dass Trauernde oft über einen längeren Zeitraum Trauergefühle erleben, die sich jedoch im Laufe der Zeit verändern können.

Die Studie zeigt, dass Trauer ein dynamischer Prozess ist, der durch individuelle, soziale und kulturelle Einflüsse geprägt wird. Trauernde können in verschiedenen Phasen ihrer Trauer unterschiedliche emotionale Reaktionen erleben, die sich im Zeitverlauf verändern und oft weniger intensiv werden. Diese Erkenntnis kann helfen, unrealistische Erwartungen an den Trauerprozess zu vermeiden und Trauernden zu ermöglichen, ihren individuellen Weg zu finden.

Evidenzbasierte Praktiken in der Trauertherapie

Evidenzbasierte Praktiken sind entscheidend, um den Trauernden die bestmögliche Unterstützung zu bieten.

Eine systematische Überprüfung von **Dunn et al. (2015)** stellte fest, dass evidenzbasierte Ansätze zur Trauerbewältigung nicht nur die Symptome von Trauer und Depression reduzieren, sondern auch die Lebensqualität der Trauernden erheblich verbessern können.

Diese Erkenntnisse unterstreichen die Notwendigkeit, die Trauertherapie kontinuierlich weiterzuentwickeln und an die sich verändernden Bedürfnisse der Trauernden anzupassen.

Fazit

Die wissenschaftliche Forschung zur Trauerbewältigung hat wichtige Erkenntnisse über die verschiedenen Ansätze und deren Wirksamkeit geliefert. Kognitive Verhaltenstherapie, Gruppentherapie, Trauercounseling und achtsamkeitsbasierte Interventionen haben sich als effektiv erwiesen, um Trauernden zu helfen, ihren Verlust zu verarbeiten und einen Weg zur emotionalen Heilung zu finden. Zudem spielen kulturelle und soziale Einflüsse eine bedeutende Rolle im Trauerprozess und sollten in therapeutischen Methoden berücksichtigt werden. Durch die Integration dieser Forschungsergebnisse in die Praxis können Therapeuten Trauernden die Unterstützung bieten, die sie benötigen, um mit ihrem Verlust umzugehen.

Die Bedeutung der Natur

Der Verlust eines geliebten Menschen ist eine tiefgreifende Erfahrung, die oft mit intensiven emotionalen Herausforderungen verbunden ist. In dieser Zeit der Trauer suchen viele Menschen nach Wegen, um ihre Gefühle zu verarbeiten und Trost zu finden. Ein Ansatz, der zunehmend an Bedeutung gewinnt, ist die Auseinandersetzung mit der Natur.

Diese Verbindung zur natürlichen Umgebung kann eine heilende Wirkung haben und den Trauernden helfen, einen Weg durch den Schmerz zu finden. In diesem Kapitel werden die verschiedenen Aspekte der Natur betrachtet, die zur Trauerbewältigung beitragen können, und wie diese Elemente eine Quelle des Trostes und der Heilung darstellen.

Natur als heilender Raum

Die Natur bietet einen Raum der Stille und des Rückzugs, der für Trauernde von unschätzbarem Wert sein kann. Aufenthalte in der Natur reduzieren Stress und können das allgemeine Wohlbefinden fördern. Eine Untersuchung von **Kaplan und Kaplan (1989)** zur Umweltpsychologie belegt, dass natürliche Umgebungen nicht nur zur Entspannung beitragen, sondern auch das emotionale Gleichgewicht wiederherstellen können.

Die ruhige Atmosphäre eines Waldes, der sanfte Klang von Wasser oder das Rauschen von Blättern im Wind können als beruhigende Begleiter in Zeiten der Trauer fungieren. Die Natur ermöglicht es den Trauernden, in ihrem eigenen Tempo zu reflektieren, ohne sich von äußeren Anforderungen oder sozialen Erwartungen unter Druck gesetzt zu fühlen.

Symbolik der Natur

In vielen Kulturen ist die Natur eng mit der Symbolik des Lebens, des Todes und des Wandels verbunden. Bäume, Blumen, Flüsse und Berge haben oft tiefere Bedeutungen, die über das Physische hinausgehen.
Diese Symbole können den Trauernden helfen, den Verlust zu verarbeiten und neue Perspektiven auf die Vergänglichkeit des Lebens zu gewinnen.

a) Bäume als Symbole des Lebens
Bäume sind kraftvolle Symbole in der Trauerbewältigung. Der Baum des Lebens, zum Beispiel, repräsentiert den Kreislauf des Lebens und die Verbindung zwischen den Generationen.

Die Idee, einen Baum im Gedenken an einen Verstorbenen zu pflanzen, wird in vielen Kulturen praktiziert. Diese Handlung symbolisiert nicht nur den fortdauernden Lebenszyklus, sondern bietet auch einen Ort, an dem Trauernde ihren Schmerz ausdrücken können.

b) Blumen und ihr Trost
Blumen haben in vielen Kulturen eine lange Tradition als Ausdruck von Trauer und Mitgefühl. Sie stehen oft für Schönheit, Zerbrechlichkeit und die Vergänglichkeit des Lebens. Die Trauernden können Blumen in der Natur sammeln oder pflanzen, um die Erinnerung an den Verstorbenen lebendig zu halten.

Das Arrangement von Blumen kann auch eine meditative Praxis sein, die hilft, Emotionen zu kanalisieren und einen Raum für Trauer zu schaffen.

Natur und Spiritualität

Für viele Menschen ist die Natur eine Quelle spiritueller Inspiration. Die Auseinandersetzung mit der natürlichen Welt kann eine tiefere Verbindung zu etwas Größerem herstellen, was in Zeiten der Trauer Trost bieten kann. Die Verbindung zur Natur wird oft als heilend empfunden und kann Trauernden helfen, ihre Gefühle zu verarbeiten. Ob beim Wandern, bei einer stillen Meditation am Wasser oder beim Beobachten von Tieren – diese Momente der Verbindung zur Natur können eine tiefere Ebene der Trauerbewältigung eröffnen.

Natur als Medium der Erinnerungen

Die Natur kann auch als Medium dienen, um Erinnerungen an den Verstorbenen wachzuhalten. Spaziergänge an einem Ort, den der Verstorbene geliebt hat, oder das Verweilen an einem besonderen Baum oder Fluss können Trauernden helfen, die positiven Erinnerungen und die gemeinsamen Erlebnisse zu würdigen.

a) Gedenkstätten in der Natur

Immer mehr Menschen entscheiden sich dafür, Gedenkstätten in der Natur zu schaffen, anstatt traditionelle Grabstätten zu nutzen. Diese Orte können individuell gestaltet werden, um die Persönlichkeit des Verstorbenen zu reflektieren.

Die Integration von Natur in den Abschiedsprozess bietet nicht nur einen Raum für die Trauer, sondern auch für die Feier des Lebens.

b) Erinnerungsspaziergänge
Ein Spaziergang in der Natur kann eine wertvolle Möglichkeit sein, die Erinnerungen an den Verstorbenen lebendig zu halten. Einige Trauernde wählen das Gehen als eine Art, um ihre Gedanken und Gefühle zu ordnen. Diese „Erinnerungsspaziergänge" können helfen, den Schmerz zu lindern und Raum für neue Gedanken und Gefühle zu schaffen.

Achtsamkeit in der Natur

Achtsamkeit bezeichnet die Fähigkeit, Gedanken, Gefühle, Sinneseindrücke und Empfindungen so umfassend und unmittelbar wie möglich wahrzunehmen, ohne sie zu bewerten und ohne in Grübeleien über Vergangenes oder die Zukunft abzuschweifen.
Das bewusste Erleben des gegenwärtigen Moments, diesen wahrzunehmen, ohne zu bewerten, ist eine wertvolle Praxis in der Trauerbewältigung. Die Natur bietet eine ideale Umgebung, um Achtsamkeit zu praktizieren. Studien von **Kabat-Zinn (1990)** haben gezeigt, dass Achtsamkeitstraining in der Natur das emotionale Wohlbefinden und die Lebensqualität verbessert.

Achtsame Naturerlebnisse:
Die bewusste Wahrnehmung der Elemente der Natur – die Farben, Klänge und Texturen – kann den Trauernden helfen, im Moment zu leben und den Schmerz der Trauer zu akzeptieren. Achtsame Spaziergänge in der Natur, bei denen die Aufmerksamkeit gezielt auf die Umgebung gelenkt wird, können eine heilende Wirkung auf den Geist haben und den Trauernden helfen, ihre Emotionen besser zu regulieren.

Fazit

Die Auseinandersetzung mit der Natur kann eine bedeutende Rolle im Trauerprozess spielen. Durch die Bereitstellung eines heilenden Raumes, die Möglichkeit, mit der Symbolik der Natur zu arbeiten, und die Förderung von Spiritualität und Achtsamkeit bietet die Natur Trauernden eine wertvolle Unterstützung. Die Verbindung zur natürlichen Umgebung kann helfen, Trost und Heilung zu finden und einen Weg durch die Trauer zu bahnen. In einer Welt, die oft hektisch und belastend erscheint, kann die Natur eine Quelle des Friedens und der Erneuerung sein, die den Trauernden die Möglichkeit gibt, sich mit ihrer Trauer auseinanderzusetzen und gleichzeitig die Schönheit des Lebens zu würdigen.

Kreative Ausdrucksformen zur Trauerbewältigung

Der Verlust eines geliebten Menschen bringt oft eine Flut von Emotionen mit sich, die schwer in Worte zu fassen sind. Kreative Ausdrucksformen, wie das kreative Schreiben und die Kunsttherapie, bieten wertvolle Werkzeuge zur Verarbeitung dieser Gefühle. In diesem Kapitel werden wir untersuchen, wie diese Methoden Trauernden helfen können, ihre Emotionen auszudrücken und einen Raum für Heilung und Reflexion zu schaffen.

Kreatives Schreiben: Ein Weg zur Selbstreflexion

Kreatives Schreiben ist eine Form des Ausdrucks, die Menschen in ihrer Trauer begleiten kann. Durch das Führen eines Tagebuchs oder kreative Schreibübungen können Trauernde ihre innersten Gedanken und Gefühle niederschreiben. Dies ermöglicht nicht nur die Auseinandersetzung mit der Trauer, sondern auch eine tiefere Reflexion über den Verlust und das Leben des Verstorbenen.

Tagebuchführung als therapeutisches Werkzeug

Das Führen eines Trauertagebuchs bietet einen sicheren Raum, um Gedanken und Emotionen festzuhalten. Hier sind einige Vorschläge für Schreibanregungen, die helfen können, Gefühle auszudrücken:

Tägliche Reflexionen: Schreiben Sie jeden Tag einige Sätze darüber, wie Sie sich fühlen. Welche Gedanken beschäftigen Sie? Was erinnert Sie an den Verstorbenen?

Brief an den Verstorbenen: Verfassen Sie einen Brief an die verstorbene Person, in dem Sie alles sagen, was Sie gerne mit ihr teilen würden. Dies kann sowohl liebevolle Erinnerungen als auch unverarbeitete Emotionen umfassen.
Ereignisse und Erinnerungen: Listen Sie besondere Momente auf, die Sie mit dem Verstorbenen geteilt haben. Welche Ereignisse haben Sie am meisten berührt? Wie haben sie Ihre Beziehung geprägt?
Emotionale „Word Clouds": Schreiben Sie eine Liste von Wörtern, die Ihre Emotionen beschreiben. Nutzen Sie diese Worte, um einen freien Text, ein Gedicht oder eine Geschichte zu entwickeln, in der Sie die Emotionen in Ihren eigenen Worten festhalten.
Zukunftsvisionen: Überlegen Sie, wie Ihr Leben ohne die verstorbene Person aussieht. Was wünschen Sie sich für die Zukunft? Welche Träume haben Sie, die Sie nun verfolgen möchten?

Die Kraft des kreativen Schreibens liegt in der Möglichkeit, Gedanken und Emotionen auf eine greifbare Weise zu verarbeiten. Durch das Schreiben kann ein innerer Dialog entstehen, der Trauernden hilft, ihre Gefühle zu strukturieren und zu verstehen.

Kunsttherapie:
Kreatives Arbeiten zur Emotionsverarbeitung

Die Kunsttherapie ist eine anerkannte Form der Therapie, die kreative Prozesse nutzt, um emotionale und psychologische Probleme zu bearbeiten. In der Trauerbewältigung kann Kunsttherapie eine effektive Methode sein, um Gefühle auszudrücken, die oft schwer in Worte zu fassen sind.

Der Prozess der Kunsttherapie

In der Kunsttherapie geht es nicht darum, „schöne" Kunst zu schaffen, sondern um den kreativen Prozess selbst. Durch Malen, Zeichnen, Bildhauerei oder andere kreative Medien können Trauernde ihre Emotionen visuell darstellen. Dieser Ausdruck kann befreiend wirken und eine Form der Kommunikation schaffen, die über Worte hinausgeht.

Farbe und Form: Unterschiedliche Farben und Formen können spezifische Emotionen repräsentieren. Zum Beispiel kann Rot für Wut oder Leidenschaft stehen, während Blau oft mit Traurigkeit assoziiert wird. Trauernde können ermutigt werden, ihre Emotionen durch die Auswahl von Farben und Formen zu erkunden.

Kollage als Ausdruck: Das Erstellen einer Collage aus Bildern, Worten und Materialien kann helfen, Gefühle zu verarbeiten. Diese Technik ermöglicht es den Trauernden, verschiedene Elemente zusammenzuführen, die ihre emotionale Landschaft widerspiegeln. Es kann eine sehr persönliche und kreative Art sein, den Verlust darzustellen.

Ton und Skulptur: Das Arbeiten mit Ton oder anderen skulpturalen Materialien kann eine taktile Form des Ausdrucks bieten. Das Formen von Ton kann auch eine therapeutische Qualität haben, da es den Trauernden erlaubt, physisch mit ihren Emotionen umzugehen.

Die heilende Kraft der Kunst

Kunsttherapie bietet nicht nur eine Möglichkeit, Emotionen auszudrücken, sondern auch einen Raum für Heilung. Indem Trauernde ihre Gefühle visualisieren, können sie oft einen neuen Zugang zu ihrer Trauer finden. Kunst ermöglicht es, innere Konflikte und Schmerzen nach außen zu bringen, was oft zu einem Gefühl der Erleichterung führt.

Die Therapie kann auch dazu beitragen, den Verlust in einen größeren Kontext zu setzen. Durch das Schaffen von Kunstwerken können Trauernde ihre Erinnerungen, Ängste und Hoffnungen verarbeiten und einen neuen Weg finden, mit der Trauer umzugehen.

Die heilsamen Rollen der Musik und des Gesangs

Gesang und Musik haben eine heilsame Kraft in der Trauerbewältigung. Sie setzen tiefe Emotionen frei, beruhigen und mindern inneren Druck. Musik spricht das Unterbewusstsein an, erleichtert den Zugang zu Gefühlen und kann Erinnerungen an den Verstorbenen lebendig halten. Der gleichmäßige Atemfluss und die Schwingungen beim Singen fördern Entspannung und Stressabbau.

In Gemeinschaft erlebt, stärkt Musik das Gefühl von Unterstützung und Zusammenhalt und bietet Trost und Heilung in der Trauer.

Integration kreativer Ausdrucksformen in den Trauerprozess

Sowohl kreatives Schreiben als auch Kunsttherapie können als begleitende Maßnahmen zur traditionellen Trauerbewältigung betrachtet werden. Diese kreativen Ausdrucksformen bieten Trauernden eine zusätzliche Möglichkeit, ihre Emotionen zu verarbeiten und ihre Trauer zu leben.

Integration in den Alltag: Die regelmäßige Einbeziehung kreativer Aktivitäten in den Alltag kann helfen, einen Rhythmus und eine Struktur im Trauerprozess zu schaffen. Egal, ob es das Führen eines Tagebuchs oder das Erstellen von Kunstwerken ist – diese Praktiken bieten eine wertvolle Auszeit, um sich mit den eigenen Emotionen auseinanderzusetzen.

Gruppentherapie: Kunsttherapie- oder Schreibgruppen bieten Trauernden die Möglichkeit, sich mit anderen auszutauschen und ihre Erfahrungen zu teilen. Diese Gemeinschaft kann Trost spenden und das Gefühl der Isolation verringern.

Fazit

Kreatives Schreiben, Musik und Kunsttherapie sind kraftvolle Werkzeuge in der Trauerbewältigung. Sie bieten Raum für Selbstausdruck, Reflexion und Heilung. Indem Trauernde diese kreativen Ausdrucksformen in ihr Leben integrieren,

können sie lernen, ihre Gefühle zu akzeptieren, zu verarbeiten und letztendlich einen neuen Weg im Leben zu finden.
Die kreative Auseinandersetzung mit der Trauer wird zu einem wichtigen Bestandteil der Heilungsreise, die es ermöglicht, die Erinnerungen an den Verstorbenen zu bewahren und gleichzeitig den eigenen Platz im Leben zu finden.

Einblicke aus der Kunst

Kunst hat die einzigartige Fähigkeit, menschliche Emotionen und Erfahrungen in Formen zu übersetzen, die oft tiefergehende Einsichten bieten als Worte allein. Der Tod und das Abschiednehmen sind Themen, die Künstler über die Jahrhunderte hinweg in ihren Werken behandelt haben. In der Malerei, Literatur und im Film finden sich eindrucksvolle Darstellungen, die nicht nur die Trauer, sondern auch den Prozess des Abschiednehmens und die Reflexion über das Leben selbst thematisieren. In diesem Kapitel werfen wir einen Blick auf verschiedene Kunstformen und erkunden, welche Lehren aus diesen Darstellungen gezogen werden können.

Malerei: Der Tod im Bild

Die Malerei ist eine der ältesten Kunstformen, in der der Tod und das Abschiednehmen thematisiert werden. Historische und zeitgenössische Künstler haben das Sterben, den Verlust und die Trauer auf unterschiedlichste Weise dargestellt.

a) Historische Darstellungen

In der Geschichte der Malerei finden sich viele Werke, die den Tod thematisieren. Ein Beispiel ist „Der Tod der Sokrates“ von Jacques-Louis David, das den Philosophen in seinem letzten Moment zeigt, umgeben von seinen Schülern. Diese Darstellung betont die Würde und den Frieden, die im Angesicht des Todes gefunden werden können.

Die Komposition und Farbgebung laden den Betrachter ein, über die letzten Gedanken des Protagonisten nachzudenken und die Unvermeidlichkeit des Todes zu akzeptieren.

Ein weiteres Beispiel ist „Der Schrei“ von Edvard Munch, das zwar nicht direkt den Tod darstellt, aber die Angst und existenzielle Krise, die mit dem Gedanken an den Tod einhergehen, visuell erfassbar macht. Munchs Werke zeigen, wie eng die Themen Leben, Tod und Trauer miteinander verknüpft sind.

b) Zeitgenössische Kunst

Moderne Künstler setzen sich ebenfalls mit dem Tod auseinander, oft auf eine abstraktere Weise. Die Installation „The Obliteration Room“ von Yayoi Kusama verwandelt einen weißen Raum in ein farbenfrohes Kunstwerk, indem Besucher bunte Punkte an die Wände und das Interieur kleben können. Diese Idee der Transformation und des Wachstums in der Vergänglichkeit kann als Metapher für den Lebenszyklus und das Abschiednehmen interpretiert werden.

Durch solche Kunstwerke wird deutlich, dass der Tod nicht nur ein Ende, sondern auch eine Chance für Neuanfänge und Veränderungen darstellen kann.

Literatur: Der Tod in Worten

Literatur bietet eine tiefgreifende Möglichkeit, den Tod und das Abschiednehmen zu reflektieren. Von Poesie bis Prosa finden sich unzählige Werke, die sich mit Trauer, Verlust und der menschlichen Existenz auseinandersetzen.

a) Poesie als Ausdruck von Trauer

Ein herausragendes Beispiel ist das Gedicht „Do Not Go Gentle into That Good Night" von Dylan Thomas. In diesem Gedicht wird die Auflehnung gegen den Tod thematisiert und ein leidenschaftlicher Appell an den sterbenden Vater gerichtet, nicht kampflos aufzugeben. Thomas' Sprache ist kraftvoll und emotional, was die universellen Gefühle von Trauer und Verlust widerspiegelt.

Literatur ermöglicht es den Lesern, sich mit ihren eigenen Erfahrungen des Abschiednehmens auseinanderzusetzen, indem sie die Emotionen anderer nachvollziehen. Durch die Identifikation mit den Charakteren und ihren Geschichten können Leser Trost finden und sich in ihren eigenen Trauerprozessen gestärkt fühlen.

b) Romane und Erzählungen

Romane wie „Der Steppenwolf" von Hermann Hesse und „Die Unendliche Geschichte" von Michael Ende beschäftigen sich ebenfalls mit Themen des Lebens und des Todes. In diesen Erzählungen wird der Tod nicht als endgültiges Ende, sondern als Teil eines fortwährenden Prozesses des Wandels betrachtet.

Literatur ermöglicht es, verschiedene Perspektiven auf den Tod zu erforschen und zu erkennen, dass der Abschied Teil des menschlichen Daseins ist. Diese Einsicht kann den Lesern helfen, ihren eigenen Verlust und die damit verbundenen Gefühle besser zu verstehen.

Film: Der Tod auf der Leinwand

Filme bieten eine visuelle und emotionale Plattform, um den Tod und das Abschiednehmen zu thematisieren. Die Kombination aus Bild, Musik und Erzählung ermöglicht es, die Komplexität der Trauer auf eine zugängliche Weise zu erfassen.

a) Filme, die Trauer thematisieren

Ein herausragendes Beispiel ist „Das Leben ist schön" von Roberto Benigni, der den Tod in den Kontext des Holocausts und der Liebe stellt. Der Film behandelt den Verlust und die Trauer mit einer Mischung aus Humor und Tragik, was die Zuschauer zum Nachdenken über die menschliche Resilienz anregt.

Ein weiteres Beispiel ist „Her“ von Spike Jonze, das die emotionale Verbindung zwischen Menschen und Technologie thematisiert. Der Verlust einer Beziehung und das Abschiednehmen werden auf subtile Weise behandelt, wobei die Charaktere lernen, mit ihrer Einsamkeit und Trauer umzugehen.

b) Lehren aus filmischen Darstellungen
Filme können eine gemeinsame Erfahrung schaffen, die Zuschauer dazu anregt, ihre eigenen Trauerprozesse zu reflektieren. Die Darstellung von Verlust und Abschied auf der Leinwand kann Gefühle hervorrufen, die schwer in Worte zu fassen sind, und gleichzeitig einen Raum für Diskussionen über den Tod schaffen.

Lehren aus der Kunst

Die Auseinandersetzung mit dem Tod in der Kunst lehrt uns, dass Trauer ein universelles Erlebnis ist, das über Kulturen und Zeiten hinweg geteilt wird. Die unterschiedlichen Perspektiven und Ausdrucksformen helfen uns, unsere eigenen Gefühle zu verstehen und zu akzeptieren. Hier sind einige wichtige Lehren, die aus der Kunst gezogen werden können:
Akzeptanz des Todes: Kunst kann uns helfen, die Unvermeidlichkeit des Todes zu akzeptieren. Durch die Auseinandersetzung mit dem Thema in verschiedenen Formen können wir lernen, den Tod als Teil des Lebenszyklus zu sehen.
Emotionale Verarbeitung: Die kreativen Ausdrucksformen bieten Wege, um unsere Emotionen zu verarbeiten.

Ob durch das Schreiben, das Schaffen von Kunstwerken oder das Schauen von Filmen, die Auseinandersetzung mit Trauer kann befreiend wirken.

Verbindung mit anderen: Kunst schafft Verbindungen zwischen Menschen. Durch das Teilen von Kunstwerken oder das Diskutieren von Literatur und Filmen können wir uns mit anderen über unsere Erfahrungen austauschen und Trost finden.

Reflexion und Inspiration: Kunst regt zur Reflexion an und kann als Inspirationsquelle dienen. Die Werke, die sich mit dem Tod auseinandersetzen, ermutigen uns, über unser eigenes Leben nachzudenken und was es für uns bedeutet, Abschied zu nehmen.

Fazit

Die Kunst bietet uns vielfältige Möglichkeiten, den Tod und das Abschiednehmen zu reflektieren. Durch Malerei, Literatur und Film können wir tief in die menschliche Erfahrung des Verlusts eintauchen und wertvolle Einsichten über die Trauer und den Lebenszyklus gewinnen. Diese kreativen Ausdrucksformen helfen uns nicht nur, unsere Emotionen zu verarbeiten, sondern eröffnen auch Räume für Verständnis, Akzeptanz und letztendlich Heilung.

Trauer gehört in die Mitte der Gesellschaft

In der modernen Gesellschaft wird Trauer häufig als ein individuelles, isolierendes Erlebnis betrachtet, das weitgehend im Stillen und Hinterzimmern stattfindet, obwohl sie überall präsent ist. Doch Trauer ist nicht nur eine persönliche Angelegenheit; sie ist ein universelles menschliches Gefühl, das in jede Gemeinschaft gehört. Die Enttabuisierung von Trauer ist entscheidend, um einen Raum zu schaffen, in dem Menschen offen über ihre Verluste sprechen können, ohne Angst vor Stigmatisierung oder Missverständnissen. In diesem Kapitel beleuchten wir die Notwendigkeit, Trauer in die Mitte der Gesellschaft zu rücken und untersuchen, wie intergenerationale Dialoge dazu beitragen können, die Perspektiven auf den Tod zu erweitern und ein tieferes Verständnis für die Trauererfahrung zu fördern.

Die Tabuisierung der Trauer

Die Tabuisierung von Trauer ist in vielen Kulturen weit verbreitet. Menschen neigen dazu, den Tod und die damit verbundenen Emotionen zu vermeiden, aus Angst, dass es als unangemessen oder unhöflich angesehen wird, solche Themen öffentlich zu diskutieren. Diese Tabus führen oft dazu, dass Trauernde sich isoliert und allein fühlen, was den Trauerprozess erschwert.

Die Stigmatisierung von Trauer kann aus verschiedenen Quellen stammen, darunter gesellschaftliche Normen, kulturelle Erwartungen und persönliche Ängste. Viele Menschen glauben, dass sie nach einem Verlust „stark“ sein sollten, und es wird oft erwartet, dass sie schnell weiterziehen. Diese Haltung kann dazu führen, dass Trauernde ihre Gefühle unterdrücken, was langfristige psychische und emotionale Folgen haben kann.

Trauer in die Gesellschaft integrieren

Um Trauer zu enttabuisieren, ist es wichtig, eine Kultur zu schaffen, in der der Tod und die damit verbundenen Emotionen als Teil des Lebens anerkannt werden. Trauer sollte nicht im Verborgenen bleiben, sondern in der Mitte der Gesellschaft diskutiert werden.

a) Öffentliche Trauerzeremonien

Öffentliche Trauerzeremonien, wie Gedenkfeiern oder Trauermärsche, können helfen, den Dialog über Trauer zu fördern. Diese Veranstaltungen ermöglichen es den Menschen, gemeinsam zu trauern und ihre Emotionen in einem unterstützenden Umfeld zu teilen. Solche öffentlichen Rituale können auch dazu beitragen, das Bewusstsein für Trauer und den Umgang damit zu schärfen.

b) Bildung und Sensibilisierung

Ein weiterer Ansatz zur Enttabuisierung von Trauer ist die Aufklärung. Bildungseinrichtungen, wie Schulen und Universitäten, können Programme entwickeln, die den Schülern und Studierenden helfen, den Umgang mit Trauer und Verlust zu verstehen.

Workshops und Vorträge, die sich mit Trauerbewältigung beschäftigen, könnten eine wertvolle Ressource sein, um den jungen Menschen ein sicheres Umfeld zu bieten, in dem sie ihre Fragen und Ängste äußern können.

Intergenerationale Dialoge über den Tod

Intergenerationale Dialoge spielen eine entscheidende Rolle bei der Enttabuisierung von Trauer. Der Austausch von Erfahrungen und Perspektiven zwischen verschiedenen Generationen kann helfen, das Verständnis für den Tod und die Trauer zu vertiefen.

a) Erfahrungen älterer Generationen

Ältere Generationen haben oft unterschiedliche Ansichten und Erfahrungen im Umgang mit Trauer. Diese Perspektiven sind wertvoll, da sie Einsichten bieten, die jüngeren Generationen oft fehlen.

Solche Dialoge können auch dazu beitragen, das Gefühl der Isolation zu reduzieren, dass viele Trauernde empfinden. Wenn jüngere Menschen sehen, dass auch ältere Generationen trauern und ihre eigenen Erfahrungen gemacht haben, können sie sich weniger allein fühlen.

Hinweis:
Allerdings sei an dieser Stelle gerne erwähnt, dass insbesondere die Nachkriegsgeneration gerne die Verdrängungsstrategie gewählt hat. Hier sprechen wir nicht von Verallgemeinerung, sondern von aus der Praxis wahrgenommenen Tendenzen. Weitermachen, nach vorne schauen, den Krieg mit all seinen Verlusten verdrängen, so das Credo.
Die Intention dieses Buches ist genau das Gegenteil. Eben nicht verdrängen, sondern sich informieren und den Verlust und die eigene Trauer annehmen. Wenn Sie also ins Gespräch gehen, haben nun auch Sie eine wertvolle Perspektive für Ihre Mitmenschen im Dialog, die diesen Zugang zur Trauer noch nicht erfahren haben.
Durch die aktuellen Entwicklungen, die die zahlreichen Kirchenaustritte begründen, wird auch in der älteren Generation eine größere Offenheit für neue Wege im Umgang mit Trauer wahrgenommen. Darin liegt eine große Chance. Man beginnt, sich Gedanken zu machen, nach Erklärungen neben den christlich geprägten Vorstellungen zu suchen und sich grundlegend mit dem Thema der Endlichkeit zu beschäftigen. Man ist offen für Dialog und es zeigt sich in der Praxis sogar ein starkes Bedürfnis nach gedanklichem Austausch.

b) Brücken bauen zwischen den Generationen
Um einen intergenerationalen Dialog über Trauer zu fördern, ist es wichtig, Räume zu schaffen, in denen Menschen unterschiedlichen Alters zusammenkommen können.

Gemeinsame Veranstaltungen, wie Gedenkfeiern, Workshops oder Gesprächsrunden, können eine Plattform bieten, um Gedanken und Erfahrungen auszutauschen.
Die Einbindung von Geschichten und Erinnerungen in diese Dialoge kann helfen, eine tiefere Verbindung zwischen den Generationen herzustellen.
Beispielsweise können ältere Menschen ihre eigenen Erinnerungen an geliebte Verstorbene teilen, während jüngere Menschen Fragen zu ihrem eigenen Verlust stellen können. Solche Gespräche fördern das Verständnis und die Empathie, was den Trauerprozess für beide Seiten erleichtert.

Vorteile des intergenerationalen Dialogs

Die Auseinandersetzung mit Trauer durch intergenerationale Dialoge bietet zahlreiche Vorteile:
Förderung von Empathie: Der Austausch von Erfahrungen fördert das Verständnis für die individuellen Trauerprozesse und schafft ein Gefühl von Empathie zwischen den Generationen.
Stärkung der Gemeinschaft: Das Teilen von Trauergeschichten und -erfahrungen kann das Gemeinschaftsgefühl stärken, da Menschen erkennen, dass sie nicht allein sind in ihrem Schmerz.
Wissenstransfer: Ältere Generationen können wertvolle Lektionen über den Umgang mit Trauer weitergeben, die jüngeren Generationen helfen können, ihre eigenen Erfahrungen besser zu bewältigen. Dieser Wissenstransfer gilt aber auch von Jung zu Alt.

Akzeptanz des Todes: Der Dialog über den Tod kann dazu beitragen, eine gesunde Einstellung zu diesem unvermeidlichen Teil des Lebens zu fördern, was langfristig zu einer offeneren und verständnisvolleren Gesellschaft führen kann.
Entwicklung des persönlichen Glaubensaspektes: Der Zugang zum Tod ist eng mit dem persönlichen Glauben verwoben. Die aktuellen gesellschaftlichen Entwicklungen und eine tendenzielle Abkehr von kirchlichen Institutionen, stellt neue Fragen quer durch alle Generationen und Bevölkerungsschichten: Kirche ja oder nein, Glauben ja oder nein und wenn ja, in welcher Ausprägung?

Fazit

Trauer ist ein natürlicher Teil des Lebens, der einen Platz in der Mitte unserer Gesellschaft verdient. Die Enttabuisierung von Trauer und der offene Dialog darüber sind entscheidend, um die Stigmatisierung zu reduzieren, die häufig mit Verlust und Trauer verbunden ist. Intergenerationale Dialoge bieten eine wertvolle Möglichkeit, die Perspektiven über den Tod zu erweitern und den Austausch von Erfahrungen zu fördern. Indem wir Trauer als Teil unserer gemeinsamen menschlichen Erfahrung anerkennen und offen darüber sprechen, können wir eine unterstützende und empathische Gesellschaft schaffen, die den Trauernden hilft, ihren Schmerz zu verarbeiten und die Liebe zu den Verstorbenen lebendig zu halten.

7. Umgang mit Übergängen

Der Umgang mit Übergängen und Veränderungen ist ein wesentlicher Bestandteil des Trauerprozesses und des Lebens insgesamt. Der Verlust eines geliebten Menschen stellt einen tiefgreifenden Übergang dar, der nicht nur den emotionalen Zustand, sondern auch das tägliche Leben verändert. Der Weg, den Trauernde gehen müssen, erfordert das Loslassen der Vergangenheit, die Akzeptanz des Unvermeidlichen und das Wachstum durch die Schaffung neuer Lebensperspektiven.

Trauer ist ein Prozess der Veränderung, bei dem das Loslassen sowohl weh tun als auch erleichternd sein kann. Diese Übergänge bieten die Chance, die Beziehung zu dem Verstorbenen auf neue Weise zu sehen, mehr über sich selbst nachzudenken und neue Wege zu finden, mit dem Verlust umzugehen. Allerdings verläuft dieser Prozess selten geradlinig, sondern ist oft von Rückschlägen, Unsicherheiten und dem Wunsch nach Halt begleitet. Dabei sind Akzeptanz und der Mut, neu anzufangen, besonders wichtig.

Akzeptanz als Schlüssel

Akzeptanz ist eine der wichtigsten Aufgaben in der Trauer und hilft dabei, mit Veränderungen im Leben umzugehen. Sie bedeutet, die Realität des Verlustes anzunehmen, auch wenn das sehr schmerzhaft sein kann. Akzeptanz heißt nicht, den Verstorbenen zu vergessen oder den Verlust kleiner zu machen. Vielmehr ist es der Schritt, der es möglich macht, den Verlust ins eigene Leben einzubauen und trotzdem weiterzumachen. Der Weg zur Akzeptanz hat mehrere Ebene:

Emotionale Akzeptanz: Dies bedeutet, die tiefen Emotionen des Schmerzes, der Trauer und der Wut zuzulassen, anstatt sie zu verdrängen. Emotionale Akzeptanz erlaubt es, die eigenen Gefühle zu erleben, ohne sie zu bewerten oder sie als „falsch“ anzusehen. Studien zeigen, dass das Erleben von Emotionen in Trauerphasen langfristig zu einem besseren Umgang mit Verlust, führt.

Rationale Akzeptanz: Neben der emotionalen Ebene müssen Trauernde auch auf rationaler Ebene akzeptieren, dass der Verlust unvermeidlich ist. Dies kann schwieriger sein, wenn es unvorhergesehene Umstände oder tragische Umstände gab. Rationale Akzeptanz bedeutet, zu verstehen, dass das Leben begrenzt ist und der Tod ein natürlicher Teil davon ist.

Das Loslassen

Loslassen ist ein zentraler Aspekt im Umgang mit Verlusten und Übergängen. Dabei geht es nicht darum, den Verstorbenen zu vergessen oder die Erinnerungen an gemeinsame Zeiten zu verdrängen, sondern darum, sich von der Notwendigkeit zu befreien, ständig in der Vergangenheit zu leben.

Das emotionale Loslassen: Hierbei handelt es sich um den inneren Prozess, sich von der ständigen Präsenz des Verstorbenen zu lösen. Trauernde müssen erkennen, dass sie nicht mehr auf die gleiche Art und Weise mit der geliebten Person interagieren können. Das Loslassen erfordert, dass man sich erlaubt, wieder am Leben teilzunehmen, ohne dabei Schuldgefühle zu entwickeln. Viele Trauernde haben das Gefühl, dass sie den Verstorbenen durch das Loslassen verraten. Es ist jedoch wichtig zu erkennen, dass Loslassen nicht bedeutet, die Person oder die Beziehung zu verlieren, sondern die Bindung auf eine neue Art und Weise fortzusetzen.

Das praktische Loslassen: Auch praktische Aspekte spielen eine wichtige Rolle. Oft müssen Entscheidungen über den Besitz des Verstorbenen getroffen werden – sei es das Auflösen einer Wohnung oder das Weiterführen von finanziellen Verpflichtungen. Diese praktischen Herausforderungen können für Trauernde belastend sein, da sie konkrete Schritte des Loslassens darstellen. Unterstützung von Familie, Freunden oder einem professionellen Berater kann in diesen Momenten hilfreich sein.

Wachstum durch Neuanfänge

Nach dem Loslassen folgt die schwierige, aber entscheidende Phase der Neuanfänge. Die Idee von Neuanfängen ist für viele Trauernde zunächst schwer vorstellbar, da die Leere des Verlustes dominierend ist. Doch mit der Zeit und durch den Prozess der Trauerarbeit entwickelt sich oft die Bereitschaft, wieder nach vorn zu blicken. Wachstum durch Neuanfänge bedeutet, dass das Leben trotz des Verlustes weitergeht und der Trauernde sich wieder für neue Möglichkeiten öffnet.

Emotionale und psychologische Neuorientierung: Neuanfänge beinhalten eine psychologische und emotionale Neuorientierung. Dies kann bedeuten, dass der Trauernde eine neue Rolle in seinem sozialen Gefüge einnimmt – etwa vom Ehepartner zum Witwer oder von einem erwachsenen Kind zu einem alleinstehenden Erwachsenen. Dieser Übergang erfordert, dass Trauernde sich selbst in einer neuen Identität definieren und annehmen.

Praktische Neuanfänge: Auf praktischer Ebene können Neuanfänge bedeuten, neue Hobbys zu entwickeln, alte Freundschaften zu stärken oder neue Beziehungen aufzubauen. Diese Schritte sind oft von Unsicherheiten begleitet, da der Verlust eines geliebten Menschen oft mit einem Verlust von Stabilität und Sicherheit einhergeht. Doch genau in diesen neuen Erfahrungen liegt das Potenzial für persönliches Wachstum.

Übergänge als Chance

Die Bewältigung von Übergängen nach einem Verlust ist nicht nur eine Notwendigkeit, sondern kann auch eine Chance für persönliches Wachstum sein. Der Trauerprozess ermöglicht es vielen Menschen, tiefe Selbstreflexion zu betreiben und neue Erkenntnisse über das Leben zu gewinnen. Einige Trauernde berichten, dass sie durch den Verlust gelernt haben, das Leben mehr zu schätzen, ihre Beziehungen zu intensivieren und ihren eigenen Lebenssinn zu überdenken.
Dieser Aspekt des Wachstums durch Trauer wird oft als „posttraumatisches Wachstum" bezeichnet und beschreibt die positiven psychologischen Veränderungen, die einige Menschen nach schweren Lebensereignissen erfahren. Es gibt zahlreiche wissenschaftliche Studien, die zeigen, dass viele Menschen nach dem Tod eines geliebten Menschen eine größere Wertschätzung für das Leben entwickeln und ihre Prioritäten überdenken.

Neuanfänge und der soziale Kontext

Neuanfänge sind selten ein isolierter Prozess. Sie finden oft in einem sozialen Kontext statt, und Unterstützung von Freunden, Familie oder Gemeinschaften ist ein entscheidender Faktor. Offene Gespräche über den Verlust, das Teilen von Erinnerungen und das gemeinsame Gedenken können Trauernden helfen, den Übergang zu Neuanfängen zu erleichtern.

Fazit

Trauer ist ein Prozess, der Übergänge mit sich bringt – sowohl auf emotionaler als auch auf praktischer Ebene. Akzeptanz und das Loslassen der Vergangenheit sind entscheidende Schritte, um wieder nach vorne zu blicken und sich neuen Lebensmöglichkeiten zu öffnen. Diese Übergänge sind oft schmerzhaft, bieten jedoch auch die Möglichkeit für persönliches Wachstum und Neuanfänge. Durch die Unterstützung von Familie, Freunden und Trauerbegleitern sowie die Bereitschaft, den Prozess der Trauerarbeit aktiv zu durchlaufen, können Trauernde lernen, mit dem Verlust zu leben und das Leben wieder zu genießen.

8. Erinnerungen als Schlüssel zur Trauerbewältigung

Die persönlichen Erinnerungen sind der Schlüssel zur eigenen Trauerbewältigung.
Die Verarbeitung von Trauer ist ein äußerst individueller Prozess, der oft von intensiven Gefühlen und Erinnerungen geprägt ist. Erinnerungen spielen eine zentrale Rolle in diesem Prozess, da sie uns helfen, die verstorbene Person in unserem Leben zu verankern und die Trauer in eine positive Richtung zu lenken. Eine gelungene Erinnerungszeremonie mit einer individuell passenden Lebensrede bietet nicht nur einen Raum für die Würdigung des Verstorbenen, sondern auch für das Teilen und Reflektieren über die gemeinsamen Erlebnisse. Diese Erinnerungen werden zu einem Schlüssel der eigenen Trauerbewältigung.

Der Wert von Erinnerungen

Erinnerungen sind weit mehr als nur ein Rückblick auf die Vergangenheit. Sie sind lebendig und tragen Emotionen, die uns an bestimmte Momente, Orte und Personen binden. In der Trauer können diese Erinnerungen wie ein Anker fungieren, der uns Stabilität und Trost bietet. Oft sind es die kleinen, alltäglichen Dinge, die uns die Verbundenheit mit dem Verstorbenen näherbringen – ein gemeinsames Lachen, der Duft eines Lieblingsgerichts oder ein Ort, an dem man zusammen Zeit verbracht hat.

Das Erinnern kann auch helfen, das Gefühl der Trauer zu transformieren. Anstatt nur den Verlust zu betrauern, können wir die positiven Aspekte unserer gemeinsamen Zeit in den Vordergrund rücken. Das Erzählen von Geschichten, die die Persönlichkeit und das Wesen des Verstorbenen widerspiegeln, schafft eine Atmosphäre des Gedenkens und der Wertschätzung. Es erinnert uns daran, dass der Verstorbene weiterhin in unseren Herzen und Erinnerungen lebt.

Die Bedeutung von Gedenkzeremonien

Eine Gedenkzeremonie ist ein wichtiger Teil der Trauerbewältigung, da sie den Hinterbliebenen die Möglichkeit bietet, ihre Erinnerungen zu teilen und zu feiern. Diese Zeremonie kann unterschiedlich gestaltet sein, sei es in Form einer Freien Zeremonie, einer privaten Versammlung, eines Festes oder eines individuell gestalteten Gottesdienstes. Wichtig ist, dass sie Raum für persönliche Geschichten und Anekdoten bietet. In der Vorbereitung auf die Zeremonie können Angehörige und Freunde gemeinsam darüber nachdenken, welche Erinnerungen sie teilen möchten. Dies kann in Form von Gesprächen, schriftlichen Beiträgen oder sogar kreativen Elementen wie Fotos oder Musik geschehen. Diese kollektive Erinnerung kann das Gefühl der Einsamkeit und Isolation, das oft mit Trauer einhergeht, mindern. Gemeinsam zu trauern und sich an die schönen Momente zu erinnern, stärkt die Bindungen zwischen den Anwesenden und schafft einen Raum der Unterstützung.

Die Rolle von Erinnerungen

Im Verlauf der Trauerarbeit können Erinnerungen als Werkzeug genutzt werden, um die eigenen Gefühle zu erkunden und zu verstehen. Ebenso können sie als Quelle der Inspiration dienen. Sie erinnern uns an die Werte und Lebensweisen des Verstorbenen und bieten die Möglichkeit, diese in unser eigenes Leben zu integrieren. Oft zeigen die Lebensgeschichten unserer Lieben, was ihnen wichtig war, und können uns motivieren, ein Leben zu führen, das diesen Idealen entspricht oder wir entscheiden uns sogar ganz bewusst gegen eine Fortführung. Dies gibt der Trauer einen positiven Aspekt und kann uns helfen, den Verlust als Teil eines größeren Ganzen zu begreifen.

Unterstützung durch andere

Die Erinnerung an einen Verstorbenen wird oft von der Gemeinschaft gestärkt. Der Austausch von Erinnerungen mit anderen kann Trost spenden und die Trauer erträglicher machen. Freunde und Familie können in diesen Momenten eine große Unterstützung bieten, indem sie ihre eigenen Geschichten und Erinnerungen teilen. Dies fördert nicht nur den Dialog über den Verlust, sondern hilft auch, das Gefühl der Isolation zu verringern.

Selbst Gruppen, die sich mit Trauerbewältigung beschäftigen, nutzen oft die Kraft der gemeinsamen Erinnerungen.

In solchen Gruppen können Teilnehmende ihre Erlebnisse und Gefühle offenbaren, was zu einem tieferen Verständnis der eigenen Trauer führen kann. Der Austausch von Geschichten schafft eine Atmosphäre des Vertrauens und der Sicherheit, in der sich Menschen öffnen und ihre Erinnerungen miteinander teilen können.

Fazit

Erinnerungen sind ein unverzichtbarer Bestandteil des Trauerprozesses. Sie bieten nicht nur Trost, sondern helfen uns auch, die Verbindung zu den Verstorbenen aufrechtzuerhalten. Die aktive Auseinandersetzung mit Erinnerungen – sei es durch das Teilen in einer Erinnerungszeremonie, das Führen eines Trauertagebuchs oder den Austausch mit anderen – ermöglicht es uns, den Verlust zu verarbeiten und die Trauer in einem gesunden Rahmen zu bewältigen.

Indem wir uns auf die positiven Aspekte unserer Erinnerungen konzentrieren und sie mit anderen teilen, können wir die Trauer nicht nur annehmen, sondern auch als Teil unseres Lebens akzeptieren. In diesem Prozess wird deutlich, dass Erinnerungen nicht nur einen Rückblick in die Vergangenheit darstellen, sondern auch eine wertvolle Quelle für die Zukunft sein können.

Sie lehren uns, wie wir leben und lieben, und helfen uns, den Verlust als Teil unseres Lebens zu integrieren, sodass wir die Erinnerung an die verstorbene Person weiterhin in unseren Herzen tragen können und dadurch einen inneren Kompass für uns entwickeln.

9. Neuausrichtung des Mindset

Die Erkenntnis, dass Erinnerungen als Schlüssel zur Trauerbewältigung dienen, hat tiefgreifende Auswirkungen auf unser jetziges Leben und unsere Lebensweise. Hier sind einige mögliche Bedeutungen und Implikationen:

Wertschätzung der Beziehungen

Die Auseinandersetzung mit Erinnerungen verdeutlicht, wie wichtig unsere Beziehungen sind. Sie ermutigt uns, die Zeit, die wir mit unseren Liebsten verbringen, bewusster zu gestalten. Indem wir die positiven Aspekte und Erinnerungen an vergangene Beziehungen schätzen, lernen wir, die Gegenwart zu genießen und die Zeit mit anderen wertzuschätzen. Dies kann uns motivieren, in unseren aktuellen Beziehungen aktiver und präsenter zu sein.

Erforschung der eigenen Identität

Die Erinnerungen an verstorbene Angehörige oder Freunde können uns helfen, unsere eigene Identität zu hinterfragen und zu formen. Oft spiegeln sie Werte, Lebensweisen und Überzeugungen wider, die uns geprägt haben. Indem wir diese Aspekte reflektieren, können wir uns fragen, wie wir in unserem eigenen Leben diese Werte verwirklichen möchten.

Dies kann zu persönlichem Wachstum und einer klareren Vorstellung davon führen, wer wir sind und was uns wichtig ist.

Verarbeitung von Emotionen

Die Erkenntnis, dass Erinnerungen helfen, Trauer zu bewältigen, ermutigt uns, auch andere Emotionen aktiv zu verarbeiten. Anstatt negative Gefühle zu unterdrücken oder zu ignorieren, erkennen wir, dass es wichtig ist, sich mit ihnen auseinanderzusetzen. Dies kann uns helfen, nicht nur Trauer, sondern auch andere belastende Emotionen wie Angst, Wut oder Enttäuschung in einem gesunden Rahmen zu verstehen und zu akzeptieren.

Förderung von Gemeinschaft

Die Bedeutung gemeinsamer Erinnerungen fördert die Idee von Gemeinschaft und Unterstützung. Sie erinnert uns daran, wie wichtig es ist, in schwierigen Zeiten zusammenzukommen und sich gegenseitig zu unterstützen. Dies kann in unserem aktuellen Leben bedeuten, dass wir offener für den Austausch mit anderen werden, sei es in Form von Gesprächen, Unterstützung in Krisenzeiten oder dem Teilen von Erinnerungen, die uns miteinander verbinden.

Rituale und Gedenken

Die Erkenntnis über den Wert von Erinnerungen kann dazu führen, dass wir Rituale entwickeln, um die Erinnerungen an unsere Liebsten zu ehren. Diese Rituale müssen nicht immer formell sein; sie können einfache, alltägliche Handlungen sein, die uns an die Verstorbenen erinnern und unsere Verbindung zu ihnen aufrechterhalten. Solche Rituale können uns auch helfen, den Übergang von Trauer zu Akzeptanz zu erleichtern.

Lebensbejahung und Inspiration

Erinnerungen an Verstorbene können uns inspirieren, unser Leben bewusster zu leben. Sie können uns motivieren, unsere Träume zu verfolgen und das Beste aus unserem Leben zu machen, da wir uns der Vergänglichkeit des Lebens bewusst sind. Diese Einsicht kann uns dazu bringen, mutiger Entscheidungen zu treffen, neue Erfahrungen zu suchen und das Leben in vollen Zügen zu genießen.

Annahme von Vergänglichkeit

Die Auseinandersetzung mit Erinnerungen und der Trauerbewältigung lehrt uns auch die Annahme der Vergänglichkeit des Lebens. Wir lernen, dass das Leben kostbar und zeitlich begrenzt ist. Diese Erkenntnis kann uns helfen, Prioritäten zu setzen, uns auf das Wesentliche zu konzentrieren und mit mehr Gelassenheit und Dankbarkeit durch das Leben zu gehen.

Fazit

Die Erkenntnis, dass Erinnerungen Schlüssel zur Trauerbewältigung sind, zeigt uns, wie wichtig es ist, im Hier und Jetzt zu leben und unsere Beziehungen zu schätzen. So können wir Freude und Schmerz in ein bewusstes Leben integrieren.

10. Kinder und Jugendliche im Abschiedsprozess

Der Tod ist ein Thema, das in unserer Gesellschaft oft vermieden oder tabuisiert wird. Wenn Kinder und Jugendliche mit dem Tod eines nahestehenden Menschen konfrontiert werden, kann das ihre Welt und ihr Verständnis von Sicherheit und Kontinuität erschüttern. Erwachsene stehen dabei vor der Herausforderung, sensibel und altersgerecht auf die Bedürfnisse und Emotionen der jungen Menschen einzugehen. In diesem Kapitel wird gezeigt, wie der Tod Kindern erklärt werden kann, welche Unterstützung Jugendliche bei der Bewältigung von Verlust benötigen und welche Bedeutung Rituale im Trauerprozess von Kindern und Jugendlichen haben.

Wie erklärt man Kindern den Tod?

Der Umgang mit dem Tod ist in der frühen Kindheit oft von Unverständnis geprägt, da Kinder bis zu einem bestimmten Alter das Konzept der Endgültigkeit nicht vollständig begreifen können. Dennoch ist es wichtig, ehrlich und offen mit ihnen über den Tod zu sprechen, um Missverständnisse und unnötige Ängste zu vermeiden. Die Art und Weise, wie man den Tod erklärt, sollte an das Alter und den Entwicklungsstand des Kindes angepasst werden.

Kinder im Alter von 2-5 Jahren

In dieser Altersgruppe verstehen Kinder den Tod noch nicht als endgültigen Zustand. Sie könnten denken, dass die verstorbene Person irgendwann zurückkommt oder nur schläft. Es ist wichtig, klare, einfache Worte zu verwenden und Wiederholungen zuzulassen, da Kinder in diesem Alter oft viele Fragen stellen.

Einfache, klare Sprache: Anstatt vage Begriffe wie „eingeschlafen" oder „weggegangen" zu verwenden, sollten direkte Worte wie „tot" oder „gestorben" benutzt werden. Es ist wichtig, den Unterschied zwischen Tod und Schlaf zu betonen, damit keine falschen Ängste entstehen.

Verständnis der Endgültigkeit: Kinder in diesem Alter verstehen noch nicht die Endgültigkeit des Todes. Sie könnten fragen, wann die verstorbene Person zurückkommt oder ob sie sie wiedersehen werden. Hier helfen Geduld und wiederholtes, kindgerechtes Erklären, dass der Tod endgültig ist.

Gefühlsäußerungen ermutigen: Kinder haben oft Schwierigkeiten, ihre Gefühle auszudrücken. Sie können durch Fragen oder durch Nachahmen der Emotionen Erwachsener zeigen, dass sie den Verlust zu verstehen beginnen. Wichtig ist, ihnen zu zeigen, dass es in Ordnung ist, traurig, wütend oder verwirrt zu sein.

Kinder im Alter von 6-9 Jahren

Kinder in diesem Alter beginnen, den Tod als etwas Endgültiges zu begreifen, haben jedoch oft noch nicht die Fähigkeit, die damit verbundenen komplexen Emotionen vollständig zu verarbeiten. In dieser Phase ist es entscheidend, Missverständnisse zu vermeiden und das Kind weiterhin in den Trauerprozess einzubeziehen.

Fragen beantworten: Kinder haben viele Fragen, die sie wiederholt stellen. Warum ist der Mensch gestorben? Was passiert nach dem Tod? Hier können altersgerechte Antworten gegeben werden, die weder zu detailliert noch zu abstrakt sind. Beispielsweise könnte man erklären, dass der Körper nicht mehr funktioniert und der Tod eine natürliche Konsequenz davon ist.

Konkrete Erklärungen: Kinder in diesem Alter neigen dazu, Todesursachen auf konkrete Ereignisse zurückzuführen. Es kann hilfreich sein, den biologischen Prozess zu erläutern, ohne dabei zu technisch zu werden. Man könnte erklären, dass das Herz aufgehört hat zu schlagen und die Person deshalb nicht mehr lebt.

Fantasievorstellungen akzeptieren: In dieser Phase entwickeln Kinder oft fantasievolle Vorstellungen über den Tod. Sie könnten glauben, dass ihre Gedanken oder Handlungen den Tod beeinflusst haben. Es ist wichtig, diese Vorstellungen ernst zu nehmen und ihnen zu erklären, dass sie keine Schuld tragen.

Kinder im Alter von 10-12 Jahren

In diesem Alter wird das Verständnis des Todes komplexer. Kinder erkennen, dass der Tod endgültig und universell ist – er betrifft alle Lebewesen. Sie beginnen auch, philosophische Fragen über den Sinn des Lebens und den eigenen Tod zu stellen. Diese Altersgruppe benötigt Unterstützung, um die emotionalen Auswirkungen des Todes zu verarbeiten.

Philosophische Fragen besprechen: Kinder könnten Fragen stellen wie „Was passiert nach dem Tod?" oder „Warum müssen Menschen sterben?". Es ist wichtig, auf diese Fragen einzugehen und auch die Unsicherheiten zu akzeptieren, die mit ihnen verbunden sind. Je nach Weltanschauung oder Religion können verschiedene Perspektiven vermittelt werden.

Gefühle wahrnehmen: In diesem Alter beginnen Kinder, ihre Gefühle intensiver wahrzunehmen. Sie könnten sich zurückziehen oder ungewöhnlich aggressiv reagieren. Es ist entscheidend, sie zu ermutigen, ihre Gefühle zu äußern und darüber zu sprechen.

Realistische Erwartungen fördern: Kinder beginnen, die Konzepte von Krankheiten, Unfällen und Alter zu verstehen, die zum Tod führen können. Es ist wichtig, ihnen zu helfen, realistische Erwartungen zu entwickeln, ohne unnötige Ängste zu schüren.

Unterstützung von Jugendlichen

Jugendliche befinden sich in einer Phase intensiver Identitätsfindung, in der sie gleichzeitig mit vielen körperlichen, emotionalen und sozialen Veränderungen konfrontiert sind. Der Verlust eines nahestehenden Menschen in dieser Lebensphase kann tiefgreifende Auswirkungen haben. Jugendliche neigen dazu, auf verschiedene Weise mit ihrer Trauer umzugehen – manche suchen Trost im Freundeskreis, andere ziehen sich zurück. Ihre Trauer kann chaotisch und widersprüchlich wirken. Deshalb ist es entscheidend, ihnen eine einfühlsame und respektvolle Unterstützung anzubieten.

Raum für individuelle Trauer schaffen

Jugendliche haben oft das Bedürfnis, ihren Trauerprozess auf ihre eigene Weise zu gestalten. Das kann bedeuten, dass sie sich in dieser Phase distanzieren, weil sie sich nicht „kindlich" trösten lassen wollen. Gleichzeitig suchen sie nach Wegen, ihren Schmerz zu verarbeiten. Daher ist es wichtig, Jugendlichen den Raum zu geben, ihre Trauer individuell zu erleben.

Rückzug respektieren: Jugendliche neigen dazu, sich manchmal zurückzuziehen oder ihre Gefühle vor anderen zu verstecken. Es ist wichtig, dies zu akzeptieren, aber gleichzeitig offen für Gespräche zu bleiben. Auch wenn sie sich distanzieren, sollten sie wissen, dass sie Unterstützung finden, wenn sie bereit sind, darüber zu sprechen.

Emotionen ernst nehmen: Jugendliche können unterschiedliche emotionale Reaktionen auf den Verlust zeigen – von Wut und Schuldgefühlen bis hin zu extremer Traurigkeit. Diese Emotionen sollten ernst genommen und nicht als „phasenbedingt“ abgetan werden.

Respekt vor ihrer Autonomie: Jugendliche wollen oft selbst entscheiden, wie sie trauern und welche Formen der Unterstützung sie annehmen. Es ist wichtig, ihnen diese Autonomie zuzugestehen und ihnen gleichzeitig zu signalisieren, dass sie nicht allein sind.

Unterstützung durch Gleichaltrige

Freunde und Gleichaltrige spielen in der Jugend eine große Rolle. In einer Phase, in der sie sich zunehmend von ihren Eltern ablösen, suchen Jugendliche oft Halt in ihrem Freundeskreis. Diese sozialen Bindungen können ein entscheidender Faktor für die Trauerbewältigung sein.

Förderung von Peer-Unterstützung: „Peer“ bedeutet „Gleichaltriger“ und verweist darauf, wie hilfreich es sein kann, Jugendliche zu ermutigen, mit Freunden über ihren Verlust zu sprechen. Sie öffnen sich Gleichaltrigen oft eher, da sie dort mehr Verständnis erwarten.

Schulen als Unterstützungsnetzwerk: In Schulen können Lehrer und Schulpsychologen wichtige Ansprechpartner für trauernde Jugendliche sein. Gesprächsgruppen oder Schulprojekte zum Thema Verlust bieten ihnen die Möglichkeit, sich auszutauschen.

Emotionale und psychologische Begleitung

Manche Jugendliche benötigen in ihrer Trauer professionelle Hilfe um den Verlust zu verarbeiten. Psychologische Unterstützung kann dabei helfen, negative Gefühle zu ordnen und mögliche Langzeitfolgen wie Depressionen oder Angstzustände zu vermeiden.

Therapeutische Unterstützung: Wenn Jugendliche intensive Schuldgefühle, Wut oder Traurigkeit empfinden und diese über einen längeren Zeitraum anhalten, kann eine Therapie hilfreich sein. Therapeutische Angebote wie Trauergruppen, Einzelgespräche oder auch kreative Therapien bieten einen sicheren Raum, um den Verlust zu verarbeiten.

Vermeidung von Risikoverhalten: Einige Jugendliche können infolge ihrer Trauer risikobehaftetes Verhalten wie Drogenmissbrauch, Schulverweigerung oder selbstverletzendes Verhalten zeigen. In solchen Fällen ist es wichtig, professionelle Unterstützung in Anspruch zu nehmen und frühzeitig Hilfe anzubieten.

Nicolaidis YoungWings Stiftung: Die Nicolaidis YoungWings Stiftung unterstützt junge Trauernde bis 49 Jahre, die einen Lebenspartner oder ein Elternteil verloren haben, mit Beratung, Trauergruppen und langfristiger Begleitung. Sie bietet deutschlandweit Hilfe an und betreibt das Sternenhaus in München als Anlaufstelle für trauernde Kinder, Jugendliche und Familien. Finanziert durch Spenden, setzt sich die Stiftung auch gesellschaftlich dafür ein, über Tod und Trauer aufzuklären und Berührungsängste abzubauen.

Rituale für Kinder und Jugendliche in der Trauer

Rituale spielen im Trauerprozess von Kindern und Jugendlichen eine besondere Rolle. Sie bieten Strukturen, die Sicherheit und Trost spenden können. Durch Rituale wird der Tod als Teil des Lebens begreifbar gemacht, und der Trauerprozess erhält eine Form, die es den Hinterbliebenen ermöglicht, den Verlust zu verarbeiten.

Die Bedeutung von Ritualen für Kinder

Kinder, die mit dem Tod eines nahestehenden Menschen konfrontiert sind, benötigen oft konkrete Handlungen, um ihre Trauer zu begreifen und zu verarbeiten. Rituale können dabei helfen, die Endgültigkeit des Todes zu verstehen und den Verlust zu akzeptieren.

Teilnahme an Trauerfeiern: Auch wenn Kinder den Tod noch nicht vollständig verstehen, kann die Teilnahme an einer Trauerfeier ihnen helfen, den Abschied zu realisieren. Dabei sollten sie auf eine Weise einbezogen werden, die ihrem Alter entspricht.

Gab es früher noch die Tendenz, Kinder nicht zu Beisetzungen mitzunehmen, bieten insbesondere freie Zeremonien einen bewussten Rahmen, um Kinder altersgerecht miteinzubeziehen. Das Vorleben der eigenen Trauer durch die nächsten Angehörigen, wie etwa der Eltern, bietet den Kindern die Möglichkeit, sich an ihnen zu orientieren. In diesem Kontext erleben Kinder möglicherweise zum ersten Mal ihre Eltern als hilflos und orientierungslos – eine Situation, die man im Alltag vielleicht eher vor den Kindern verbergen möchte.

Im Zusammenhang mit dem Verlust eines nahen Angehörigen können Kinder lernen, wie ihre Eltern mit ihrer Trauer umgehen und dass durch das bewusste Zulassen der Trauer auch eine innere Heilung stattfinden kann. Dieses Vorleben dient als Orientierung für die nächste Generation und kann ein wertvoller Weg sein.
Kinder sollten dabei stets die freie Wahl haben, ob sie an der Beisetzung teilnehmen möchten. Durch ihre Einbeziehung und Mitgestaltung besteht ein großes Potenzial. Allerdings sollte dabei stets die aktuelle psychische Verfassung des Kindes berücksichtigt werden, um zu entscheiden, wie intensiv ein Kind in den Trauerprozess eingebunden wird – oder ob es im Sinne des Kindes besser ist, dies nur in geringerem Maße zuzulassen.

11. Kulturelle, religiöse Perspektiven und Einfluss der Technologie

Abschied im Wandel der Zeit

Der Abschied von Verstorbenen ist ein zentrales Ritual, das in allen Kulturen seit jeher existiert. Er spiegelt die Beziehung der Lebenden zu Tod und Verlust wider. Wie Gesellschaften mit diesen unvermeidlichen Aspekten des Lebens umgehen, hat sich über die Jahrhunderte stark gewandelt. In diesem Kapitel betrachten wir, wie sich die Abschiedsrituale im Lauf der Zeit verändert haben, und untersuchen die historische Rolle von Frauen in diesen Ritualen.

Historische Perspektiven: Wie haben sich Abschiedsrituale im Laufe der Geschichte verändert?

Abschiedsrituale variieren in verschiedenen Kulturen und Epochen. Sie sind oft durch religiöse, soziale und ökonomische Rahmenbedingungen geprägt und entwickeln sich im Laufe der Zeit weiter. Wir blicken auf einige der wichtigsten historischen und kulturellen Entwicklungen zurück, um ein besseres Verständnis für die Vielschichtigkeit des Abschieds zu erhalten.

a) Antike Bestattungspraktiken

In der Antike hatten viele Kulturen sehr ritualisierte Formen des Abschieds. Zum Beispiel bei den alten Ägyptern war der Glaube an das Leben nach dem Tod ein zentraler Bestandteil der Kultur. Die aufwändigen Bestattungspraktiken, die mit der Mumifizierung und der Errichtung monumentaler Gräber wie den Pyramiden einhergingen, zeigen den tiefen Glauben an die Unsterblichkeit der Seele. Ein Teil der Rituale bestand darin, den Verstorbenen mit Grabbeigaben, Nahrung und Besitztümern auszustatten, um ihm im Jenseits ein würdiges Leben zu ermöglichen.

Auch in der antiken griechischen und römischen Kultur spielten religiöse Vorstellungen eine große Rolle. Die Griechen glaubten, dass die Toten die Unterwelt erreichen mussten, wo sie von den Göttern gerichtet wurden. Hierbei waren Bestattungen und die korrekte Durchführung von Ritualen entscheidend, um den Übergang in das Jenseits zu gewährleisten.

b) Mittelalterliche Rituale und christliche Prägung

Im Mittelalter war die Bestattung stark von der christlichen Religion geprägt. Der Tod wurde als Übergang in das ewige Leben verstanden und die Rituale drehten sich um die Rettung der Seele. Die Kirche nahm eine zentrale Rolle bei den Bestattungszeremonien ein. Messen, Gebete sowie die letzte Ölung waren von entscheidender Bedeutung, um den Verstorbenen auf das Jenseits vorzubereiten.

Bestattungen wurden oft in Kirchen oder auf heiligen Böden abgehalten, und der soziale Status spielte eine wichtige Rolle dabei, wie aufwändig die Beisetzung gestaltet wurde. Die einfache Bevölkerung erhielt schlichtere Begräbnisse, während Adelige und Geistliche prächtige Zeremonien und Grabanlagen erhielten.

c) Moderne Abschiedspraktiken

Im 19. und 20. Jahrhundert veränderten sich Abschiedsrituale durch Industrialisierung, Säkularisierung und den Aufstieg der Wissenschaft erheblich. Während früher religiöse Rituale dominierten, sind heute weltliche und persönliche Abschiedsformen zunehmend beliebt. Bestattungen werden oft individueller und spiegeln die Persönlichkeit des Verstorbenen sowie die Wünsche der Hinterbliebenen wider.

Eine der größten Veränderungen ist der wachsende Trend zur Feuerbestattung, die heute in vielen Ländern häufiger vorkommt als die traditionelle Erdbestattung. Gründe hierfür sind nicht nur Platzmangel auf Friedhöfen, sondern auch veränderte religiöse Ansichten und eine zunehmende Umweltbewusstheit. Moderne Bestattungsarten wie Naturbestattungen in Wäldern oder das Verstreuen der Asche über dem Meer gewinnen an Beliebtheit.

Die Bedeutung der Freien Beerdigungszeremonien sei an dieser Stelle gerne erwähnt:

Freie Beerdigungszeremonien, die von einem freien Redner oder einer freien Rednerin gestaltet werden, bieten eine individuelle und persönliche Alternative zu traditionellen religiösen Bestattungen. Solche Zeremonien gewinnen zunehmend an Bedeutung, da sich viele Menschen eine Bestattung wünschen, die stärker auf ihre persönlichen Überzeugungen und Lebensumstände zugeschnitten ist. In einer Zeit, in der die Säkularisierung und die Individualisierung von Ritualen und Zeremonien zunimmt, füllen freie Beerdigungen eine Lücke für Menschen, denen es wichtig ist, dass die Feier den Charakter und das Leben des Verstorbenen widerspiegelt.

Die Bedeutung freier Beerdigungszeremonien

Freie Beerdigungen stehen im Gegensatz zu religiösen Ritualen, die festen Vorgaben und liturgischen Abläufen folgen. Hierbei ist der Fokus nicht auf religiöse Riten und die Institution der Kirche gerichtet, sondern auf das Leben des Verstorbenen, seine Persönlichkeit und die individuellen Wünsche der Hinterbliebenen. Diese Zeremonien sind in erster Linie Ausdruck einer persönlichen Verabschiedung, bei der der Verstorbene als Mensch im Mittelpunkt steht.

Besonders in einer pluralistischen Gesellschaft, in der die spirituellen und weltanschaulichen Überzeugungen stark variieren, bieten freie Beerdigungen den Raum, auf verschiedene Bedürfnisse einzugehen. Menschen, die sich nicht mit den Dogmen und Strukturen traditioneller Religionen identifizieren oder sich schlicht eine andere Art des Abschieds wünschen, finden in freien Zeremonien eine Möglichkeit, ihre eigene Form des Gedenkens zu gestalten.
Freie Beerdigungen sind dabei weder vollständig religionsfrei, noch müssen sie bestimmte Elemente zwingend ausschließen. Je nach Wunsch der Familie oder des Verstorbenen können christliche Elemente wie ein Gebet oder ein religiöses Musikstück mit einfließen, ohne dass die Zeremonie zu einem religiösen Ritual wird. Dies bietet den Raum für eine maßgeschneiderte Zeremonie, die das Leben und die Überzeugungen des Verstorbenen authentisch widerspiegelt.

Vorteile freier Beerdigungszeremonien mit einem freien Redner

Freie Beerdigungen bieten zahlreiche Vorteile, da sie Raum für Flexibilität und Individualität lassen. Die Rolle eines freien Redners ist dabei von zentraler Bedeutung. Ein erfahrener freier Redner oder eine Rednerin kann die Zeremonie persönlich gestalten und den Hinterbliebenen helfen, einen würdigen und zugleich tröstenden Abschied zu ermöglichen.

a) Individuelle Gestaltung

Einer der größten Vorteile freier Beerdigungen liegt in der individuellen Gestaltung der Zeremonie. Im Gegensatz zu standardisierten religiösen Riten, bei denen der Ablauf oft starr vorgegeben ist, bietet eine freie Zeremonie die Möglichkeit, den Abschied exakt nach den Wünschen der Hinterbliebenen oder nach dem ausdrücklichen Willen des Verstorbenen zu gestalten. Der freie Redner erstellt die Trauerrede in enger Absprache mit der Familie, den Angehörigen oder den Hinterbliebenen und sorgt dafür, dass der Charakter und die Lebensgeschichte des Verstorbenen im Zentrum stehen.

Es können persönliche Anekdoten, Geschichten oder Musikstücke integriert werden, die den Verstorbenen auf besondere Weise ehren. So entsteht eine Zeremonie, die ganz auf die Persönlichkeit und das Leben des Verstorbenen abgestimmt ist und gleichzeitig den Bedürfnissen und Gefühlen der Hinterbliebenen gerecht wird.

b) Flexibilität in der Wahl des Ortes und der Zeit

Während religiöse Bestattungen oft an bestimmte Orte wie Kirchen oder Friedhöfe gebunden sind, bieten freie Erinnerungszeremonien mehr Flexibilität. Die Zeremonie kann an einem Ort stattfinden, der eine besondere Bedeutung für den Verstorbenen hatte, wie zum Beispiel im eigenen Garten, an einem Lieblingsplatz in der Natur oder an einem Ort, der mit besonderen Erinnerungen verbunden ist.

Auch die Wahl des Zeitpunktes ist flexibler. Im Gegensatz zu religiösen Feierlichkeiten, die oft an bestimmte Tageszeiten gebunden sind, kann eine freie Erinnerungszeremonie zu einer für die Familie passenden Zeit stattfinden, sodass auch entfernte Verwandte und Freunde problemlos teilnehmen können.

c) Einbindung von persönlichen oder spirituellen Elementen
Freie Redner sind darauf spezialisiert, die Zeremonie so zu gestalten, dass sie die Weltanschauungen und Überzeugungen des Verstorbenen und der Hinterbliebenen reflektiert. Dies bedeutet, dass auch spirituelle oder religiöse Elemente – wie Psalmen oder andere religiöse Texte – integriert werden können, ohne dass die Zeremonie an einen religiösen Rahmen gebunden ist.
So können z. B. christliche Elemente wie das „Vaterunser" oder ein Segensgebet Teil der freien Zeremonie sein, während der Fokus weiterhin auf dem persönlichen Leben und den individuellen Werten des Verstorbenen liegt. Dies ist besonders dann von Vorteil, wenn Angehörige verschiedene religiöse Hintergründe haben oder wenn der Verstorbene spirituelle oder religiöse Aspekte in seine Zeremonie integriert wissen wollte.

d) Mehr Raum für persönliche und emotionale Ausdrucksformen

In einer freien Beerdigungszeremonie können die Hinterbliebenen selbst entscheiden, wie sie sich vom Verstorbenen verabschieden möchten. Anders als bei traditionellen Zeremonien gibt es mehr Freiraum für individuelle Ausdrucksformen, sei es durch persönliche Reden, Musikbeiträge oder andere Rituale, die den Abschied emotionaler und persönlicher gestalten.

Dies bietet den Trauernden die Möglichkeit, aktiv an der Zeremonie teilzunehmen. Sie können beispielsweise Gedichte vortragen, persönliche Erinnerungen teilen oder symbolische Handlungen durchführen, wie das Anzünden von Kerzen oder das Platzieren von persönlichen Gegenständen auf dem Sarg. Dadurch wird die Zeremonie zu einer besonders bewegenden und intimen Erfahrung, die den individuellen Abschied intensiver und bewusster gestaltet.

e) Eine neutrale, professionelle Begleitung durch den freien Redner

Ein freier Redner übernimmt in der Zeremonie eine neutrale und gleichzeitig persönliche Rolle. Er oder sie ist nicht an dogmatische Vorgaben gebunden, sondern agiert als Begleiter und Unterstützer der Familie. In Gesprächen mit den Angehörigen findet der Redner heraus, welche Themen, Erlebnisse und Gefühle die Zeremonie prägen sollen. Dabei steht stets die Persönlichkeit des Verstorbenen im Vordergrund.

Besonders in emotional belastenden Zeiten kann der freie Redner helfen, den richtigen Ton zu treffen und den Hinterbliebenen den Abschied zu erleichtern. Die Reden sind oft empathisch und zugleich professionell, wodurch sie den nötigen Trost spenden und gleichzeitig Raum für persönliche Erinnerungen und Wünsche lassen.

Die Rolle des freien Redners in der Trauerbegleitung

Neben der eigentlichen Zeremonie spielt der freie Redner auch eine wichtige Rolle in der emotionalen Begleitung der Trauernden. Im Vorfeld der Beerdigung führt er intensive Gespräche mit der Familie, um die individuelle Lebensgeschichte des Verstorbenen zu erfahren und die persönlichen Wünsche der Angehörigen zu berücksichtigen. Diese Gespräche bieten oft schon Raum für Trauerarbeit und erleichtern den Hinterbliebenen die Verarbeitung des Verlustes.

Durch die einfühlsame und wertschätzende Art des Redners fühlen sich die Trauernden verstanden und begleitet. Der Redner hilft dabei, den Abschied bewusst zu gestalten und einen würdevollen Rahmen zu schaffen, in dem sich die Familie und Freunde des Verstorbenen auf ihre Art verabschieden können.

Fazit

Freie Beerdigungszeremonien bieten eine würdevolle, persönliche und flexible Möglichkeit, sich von einem geliebten Menschen zu verabschieden. Der freie Redner ermöglicht es den Hinterbliebenen, die Zeremonie nach ihren eigenen Vorstellungen zu gestalten und damit dem Leben des Verstorbenen gerecht zu werden. Die Möglichkeit, sowohl weltliche als auch religiöse Elemente einzubinden, schafft einen einzigartigen Rahmen, der den Abschied zu einem bewegenden und individuellen Erlebnis macht. Die freie Beerdigung zeigt, dass der Tod nicht nur ein religiöses, sondern vor allem ein menschliches und individuelles Ereignis ist, das auf viele Arten gestaltet werden kann.

Die Rolle von Frauen in Abschiedsritualen: Historische Entwicklungen

Frauen haben in vielen Kulturen und Zeiten eine zentrale Rolle in den Abschiedsritualen gespielt, sei es als Pflegerinnen der Toten, als Trauernde oder als spirituelle Führerinnen. Diese Rolle hat sich im Laufe der Geschichte stark verändert, sowohl durch kulturelle Umbrüche als auch durch gesellschaftliche Entwicklungen.

a) Antike und traditionelle Rollen
In vielen traditionellen Kulturen waren Frauen für die Pflege der Verstorbenen und die Durchführung von Trauerzeremonien verantwortlich. Im antiken Griechenland waren es beispielsweise Frauen, die den Körper des Verstorbenen wuschen, kleideten und aufbahrten. Sie führten das sogenannte „Goos", das öffentliche Wehklagen, durch, das ein integraler Bestandteil der Trauerprozesse war.
Auch in vielen indigenen Kulturen waren Frauen als Hüterinnen von Leben und Tod angesehen. Sie nahmen an Ritualen teil, die den Übergang ins Jenseits begleiteten, und standen oft in enger Verbindung zu spirituellen und religiösen Praktiken. Ihre Rolle reichte von der Unterstützung der Sterbenden bis hin zur Begleitung der Seelen ins Jenseits.

b) Mittelalter und frühe Neuzeit

Im christlichen Mittelalter und der frühen Neuzeit wurde die Rolle der Frauen in den Abschiedsritualen stärker institutionalisiert, vor allem in Klöstern und religiösen Gemeinschaften. Frauen, die als Nonnen lebten, hatten häufig eine besondere Verbindung zur spirituellen Begleitung der Sterbenden und Verstorbenen.

Sie führten Gebete, Beerdigungszeremonien und Totenwachen durch. In weltlichen Zusammenhängen waren es oft die Ehefrauen, Mütter oder Töchter, die die Vorbereitung der Beisetzung übernahmen.

Mit der zunehmenden Dominanz der Kirche und der männlich geprägten Hierarchien innerhalb der Religion wurde die Rolle der Frauen jedoch vielerorts eingeschränkt. Die Beteiligung von Frauen an formalen Bestattungsritualen wurde stark reglementiert und sie wurden zunehmend auf die Rolle der Trauernden oder Pflegerinnen reduziert, während die Durchführung der religiösen Zeremonien von Männern übernommen wurde.

c) Moderne Veränderungen

Im 20. und 21. Jahrhundert erlebten Frauen eine Wiederentdeckung ihrer Rolle in den Abschiedsritualen. Mit der Emanzipation der Frau und dem Wandel traditioneller Geschlechterrollen übernahmen sie zunehmend wieder aktivere und verantwortungsvollere Positionen.

Frauen sind heute oft nicht nur als Angehörige von Verstorbenen beteiligt, sondern auch als Bestatterinnen, Trauerrednerinnen und spirituelle Beraterinnen aktiv.
Ein bemerkenswerter Wandel ist auch die Professionalisierung der Trauerarbeit. Frauen sind überproportional häufig in Berufen der Sterbebegleitung, der Hospiz- und Palliativarbeit sowie der Trauerbegleitung tätig. Ihre Rolle hat sich von der traditionell pflegerischen Funktion hin zu einer aktiven und leitenden Position im Umgang mit Tod und Abschied entwickelt.

Fazit:
Abschied und die wandelnde Rolle der Frau

Der Abschied von Verstorbenen hat sich im Laufe der Zeit stark verändert, sowohl in Bezug auf die Rituale als auch auf die Rolle, die Frauen in diesen spielen. Während Frauen in früheren Zeiten oft im häuslichen und privaten Bereich agierten, übernehmen sie heute verstärkt öffentliche und berufliche Aufgaben in der Trauerarbeit. Der Wandel zeigt, dass Abschiedsrituale nicht nur Ausdruck von kulturellen Werten, sondern auch von gesellschaftlichen Veränderungen und der Position der Frau im sozialen Gefüge sind.
Der Umgang mit Tod und Trauer unterscheidet sich stark in den verschiedenen Kulturen und Religionen dieser Welt. Während in einigen westlichen Kulturen der Tod oft tabuisiert oder vermieden wird, gibt es viele andere Kulturen, in denen Tod und Trauer offen und rituell begangen werden.

In diesem Buch ist Ihnen inzwischen bereits öfters die Erwähnung der Abschiedsrituale begegnet. Im folgenden Kapitel beleuchten wir Abschiedsrituale in verschiedenen Kulturen, religiöse Vorstellungen vom Tod sowie interkulturelle und interreligiöse Herausforderungen im Umgang mit dem Tod.

Abschiedsrituale in verschiedenen Kulturen

Der Tod wird in den verschiedenen Kulturen auf unterschiedlichste Weise verstanden und begangen. Diese Rituale, die teils Jahrhunderte alt sind, bieten oft klare Strukturen für die Trauernden und geben dem Abschied eine symbolische Bedeutung. Hier einige Beispiele für interkulturelle Ansätze, die zeigen, wie offen andere Gesellschaften mit Trauer und dem Abschied vom Tod umgehen.

Mexiko: Día de los Muertos

Ein herausragendes Beispiel für einen offenen und bewussten Umgang mit dem Tod ist das mexikanische Fest **Día de los Muertos** (Tag der Toten). Dieses Fest, das jedes Jahr am 1. und 2. November gefeiert wird, ist eine farbenfrohe, freudige Feier zu Ehren der Verstorbenen.

Anstatt den Tod als etwas Schreckliches oder Trauriges zu betrachten, feiern die Menschen den Kreislauf des Lebens und den Übergang in die Totenwelt.

Ritual der Altäre (Ofrendas): Familien errichten zu Hause oder auf den Gräbern ihrer Verstorbenen Altäre, die mit Bildern, Kerzen, Blumen (insbesondere Ringelblumen) und den Lieblingsspeisen und Getränken der Verstorbenen geschmückt sind. Diese Altäre sind eine Geste der Einladung an die Geister der Verstorbenen, die für einen Tag ins Leben der Lebenden zurückkehren.

Feierlichkeiten auf den Friedhöfen: Menschen besuchen die Gräber ihrer Verstorbenen, reinigen und schmücken sie und verbringen dort Zeit, um mit den Geistern ihrer Lieben zu feiern. Es gibt Musik, Essen und gemeinsames Erinnern. Die Atmosphäre ist oft heiter, denn der Tod wird als Teil des Lebenszyklus gesehen.

Symbolische Bedeutung: Der Día de los Muertos symbolisiert den Glauben an die Fortdauer der Seele nach dem Tod und zeigt eine enge Verbindung zwischen den Lebenden und den Toten. Das Ritual stärkt das Gefühl, dass die Verstorbenen nicht vergessen sind und weiterhin Teil der Gemeinschaft bleiben.

Indien: Hinduistische Feuerbestattung und Rituale

Im Hinduismus spielt die Vorstellung von Reinkarnation und Karma eine zentrale Rolle im Umgang mit dem Tod. Der Tod wird als Übergang in einen neuen Daseinszustand verstanden.

Ein bedeutendes Abschiedsritual in der hinduistischen Kultur ist die **Feuerbestattung**.

In vielen hinduistischen Gemeinschaften ist es Tradition, die Verstorbenen zu verbrennen, da Feuer als reinigendes Element gilt. Der Ganges, der heilige Fluss, spielt dabei eine wichtige Rolle. Viele Hindus wünschen sich, dass ihre Asche im Ganges verstreut wird, um Moksha, die Befreiung aus dem Kreislauf von Geburt und Wiedergeburt, zu erreichen.

Trauerrituale: Nach der Verbrennung findet eine 13-tägige Trauerzeit statt, während der die Familie Fastenrituale und Gebete vollzieht, um die Seele des Verstorbenen zu unterstützen. Am Ende dieser Zeit gilt der Verstorbene als spirituell gereinigt und die Trauernden können sich wieder dem Alltagsleben zuwenden.

Fest der Ahnen (Pitru Paksha): In diesem jährlichen Fest ehren Hindus ihre Vorfahren durch Gebete und Opfergaben. Es wird geglaubt, dass die Vorfahren in dieser Zeit der Erde nahe sind und mit den Lebenden in Kontakt treten können.

Das offene und rituell geprägte Gedenken an Verstorbene zeigt, wie tief verwurzelt der Glaube an das Leben nach dem Tod und an die spirituelle Begleitung durch Ahnen in der hinduistischen Kultur ist.

Ghana: Feierliche Beerdigungen

In vielen afrikanischen Kulturen, wie in Ghana, sind **Beerdigungen** feierliche Anlässe, die das Leben des Verstorbenen ehren.

Es wird geglaubt, dass der Tod den Beginn einer neuen Existenz darstellt und der Verstorbene zur Ahnenwelt übergeht.

Feierliche Zeremonien: Beerdigungen in Ghana sind oft große, mehrtägige Ereignisse, bei denen die gesamte Gemeinschaft zusammenkommt, um das Leben des Verstorbenen zu feiern. Musik, Tanz und farbenfrohe Kleidung spielen dabei eine wichtige Rolle. Es wird oft laut getrauert, und die emotionale Ausgelassenheit zeigt den offenen Umgang mit dem Tod.

Personalisierte Särge: Eine besondere Tradition in Ghana sind die sogenannten „Fantasie-Särge". Diese kunstvoll gestalteten Särge spiegeln das Leben oder die Persönlichkeit des Verstorbenen wider. Zum Beispiel kann ein Fischer in einem Sarg in Form eines großen Fisches beigesetzt werden. Diese Särge sind ein Ausdruck von Kreativität und Individualität und verdeutlichen, wie die Kultur den Tod als Teil des Lebenszyklus feiert.

Die ghanaischen Beerdigungsrituale verdeutlichen, wie eng Tod und Leben miteinander verbunden sind und wie wichtig es ist, das Leben zu feiern, auch wenn es zu Ende geht.

Tibet: Himmelsbestattung

In der tibetisch-buddhistischen Tradition gibt es die besondere Praxis der **Himmelsbestattung**. Da der Buddhismus den Kreislauf von Leben und Tod betont und den physischen Körper als vorübergehende Hülle betrachtet, ist die Himmelsbestattung eine symbolische Handlung, die die Vergänglichkeit des Körpers verdeutlicht.

Himmelsbestattung: Der Leichnam des Verstorbenen wird in der Natur, oft auf einem Berg, den Geiern überlassen. Es wird geglaubt, dass dies eine Geste der Großzügigkeit ist, da der Körper den Tieren Nahrung bietet. Der Körper selbst wird als unbedeutend angesehen, da die Seele bereits in einen neuen Daseinszustand übergegangen ist.

Rituale des Übergangs: Bevor die Himmelsbestattung stattfindet, führen buddhistische Mönche Gebetszeremonien durch, um die Seele des Verstorbenen auf ihrem Weg in das nächste Leben zu begleiten. Das Ritual verdeutlicht die enge Verbindung zwischen Lebenden, Toten und der Natur sowie den buddhistischen Glauben an den Kreislauf der Wiedergeburt.

Die Himmelsbestattung zeigt eine tiefe Akzeptanz des Todes als Teil des Lebens und betont die Bedeutung des Übergangs der Seele in eine neue Existenz.

Religiöse Vorstellungen vom Tod und der Bedeutung des Abschieds

Die religiösen Vorstellungen vom Tod variieren stark zwischen den verschiedenen Glaubensrichtungen, doch fast alle bieten eine Form des Trostes und der Erklärung für das, was nach dem Tod passiert. Diese Überzeugungen prägen die Art und Weise, wie Trauer und Abschied in religiösen Kontexten gestaltet werden.

a) Christentum

Im Christentum ist der Tod ein Übergang in das ewige Leben. Die Vorstellung von Himmel, Hölle und Auferstehung spielt eine zentrale Rolle, und die Beerdigung wird oft als ein Fest des Lebens und des Glaubens an die Erlösung betrachtet.

Auferstehung und ewiges Leben: Im Christentum wird geglaubt, dass der Tod nicht das Ende ist, sondern der Beginn eines ewigen Lebens bei Gott.

Diese Vorstellung gibt vielen Trauernden Trost, da sie daran glauben, dass ihre geliebten Verstorbenen in einer besseren Welt weiterleben.

Beerdigungsrituale: Christliche Beerdigungen beinhalten Gebete, Gesänge und oft die Eucharistie, um den Übergang des Verstorbenen zu begleiten. Es wird dafür gebetet, dass die Seele des Verstorbenen Ruhe finden und im Jüngsten Gericht auferstehen möge.

Erinnerungsfeiern: In vielen christlichen Gemeinschaften wird Allerseelen (2. November) begangen, ein Tag, an dem der Verstorbenen gedacht wird. Dies bietet den Hinterbliebenen die Möglichkeit, in Gebeten und Andachten die Erinnerung an ihre Liebsten zu bewahren.

b) Islam

Im Islam wird der Tod als ein von Gott bestimmter Übergang in das Jenseits verstanden. Das Jenseits, der Himmel (Jannah), ist ein zentraler Aspekt des muslimischen Glaubens und der Tod selbst wird als Teil des göttlichen Plans angesehen.

Sofortige Beerdigung: Im Islam soll der Verstorbene möglichst schnell, in der Regel innerhalb von 24 Stunden, bestattet werden. Die Waschung und das Einwickeln des Körpers in ein weißes Leinentuch (Kafan) symbolisieren Reinheit und Gleichheit im Tod.
Gebete und Trauerzeit: Vor der Bestattung wird das Janaza-Gebet verrichtet, bei dem um Vergebung und Barmherzigkeit für den Verstorbenen gebetet wird. Auch nach dem Janaza-Gebet wird weiterhin für die Seele des Verstorbenen gebetet. Nach der Beerdigung beginnt die Trauerzeit, die je nach kulturellen und familiären Traditionen unterschiedlich lange dauern kann. Offiziell dauert die Trauerzeit für nahe Angehörige oft drei Tage, aber in einigen Kulturen wird auch eine 40-tägige Trauerzeit eingehalten, in der die Familie den Tod des geliebten Menschen verarbeitet.
Der Tod als Teil des göttlichen Plans: Der islamische Glaube betont die Akzeptanz des „göttlichen" Willens. Der Tod ist ein festgelegter Übergang in eine neue Existenz. Dieser Glaube hilft Muslimen, den Verlust zu akzeptieren.

c) Judentum

Im Judentum ist der Tod ebenfalls ein wichtiger Teil des Lebenszyklus, doch die Rituale und Überzeugungen konzentrieren sich stark auf die Gemeinschaft und das Gedenken der Toten. Das Leben nach dem Tod ist ein Thema, das in der jüdischen Theologie unterschiedlich interpretiert wird, aber das Prinzip der Ehrung der Verstorbenen steht im Mittelpunkt.

Schiv'a und die Trauerzeit: Nach der Beerdigung folgt eine siebentägige Trauerzeit, die Schiv'a, während der die engsten Verwandten des Verstorbenen zu Hause bleiben und Besuch empfangen, um ihre Trauer zu teilen. In dieser Zeit sind gemeinsames Beten und das Erzählen von Geschichten über den Verstorbenen wichtige Bestandteile der Trauerarbeit.
Jahrzeit-Kerzen und Kaddisch-Gebet: Am Jahrestag des Todes wird eine Gedenkkerze, die Jahrzeit-Kerze, angezündet. Zusätzlich wird regelmäßig das Kaddisch, ein Gebet zum Gedenken an die Verstorbenen, rezitiert. Diese Rituale betonen die Erinnerung und das Andenken an den Verstorbenen in der Gemeinschaft.
Respekt vor dem Verstorbenen: Im Judentum wird der Körper des Verstorbenen mit großer Ehrfurcht behandelt. Das Begräbnis findet schnell statt, und der Verstorbene wird in einem einfachen Holzsarg beerdigt, um die Gleichheit aller Menschen im Tod zu betonen.

d) Buddhismus

Im Buddhismus ist der Tod ein natürlicher Teil des Lebenskreislaufs, der Reinkarnation und des Karmas unterliegt. Der Tod wird nicht als das Ende, sondern als Übergang in ein neues Leben verstanden. Diese Sichtweise auf den Tod führt zu speziellen Ritualen, die die Wiedergeburt und den Übergang der Seele begleiten sollen.
Rituale der Begleitung: Im Buddhismus wird großer Wert darauf gelegt, den Sterbenden in den letzten Momenten seines Lebens spirituell zu begleiten.

Es wird gebetet und meditiert, um den Übergang in das nächste Leben zu erleichtern. Nach dem Tod wird oft eine Zeremonie durchgeführt, um den Verstorbenen in die nächste Reinkarnation zu entlassen.
Feuerbestattung: Feuerbestattungen sind im Buddhismus weit verbreitet. Die Asche des Verstorbenen wird oft in Tempeln oder an symbolischen Orten aufbewahrt.
Die Zeremonie selbst wird in vielen buddhistischen Kulturen als ein wichtiger Moment des Abschieds betrachtet, der der Familie hilft, die Vergänglichkeit des Lebens zu akzeptieren.
Tägliche Andachten und Gebete: In vielen buddhistischen Kulturen, besonders in Tibet, werden nach dem Tod Gebete rezitiert, um die Seele des Verstorbenen auf ihrem Weg zu unterstützen.

Interkulturelle und Herausforderungen

Im Zeitalter der Globalisierung und der zunehmend multikulturellen Gesellschaften gibt es interkulturelle und interreligöse Herausforderungen im Umgang mit dem Tod und den dazugehörigen Ritualen. Diese Herausforderungen können sowohl auf gesellschaftlicher als auch auf individueller Ebene auftreten.

a) Unterschiedliche Bestattungspraktiken
In vielen multikulturellen Gemeinschaften können unterschiedliche Bestattungspraktiken aufeinandertreffen. So gibt es zum Beispiel Konflikte darüber, wie der Leichnam behandelt werden soll, sei es eine Feuer- oder Erdbestattung.

Während in manchen Kulturen und Religionen Feuerbestattungen üblich sind, wie im Hinduismus und Buddhismus, ist in anderen, wie im Islam und Judentum, die Erdbestattung fest verankert.
Praktische Herausforderungen: In Ländern, in denen Feuerbestattungen gesetzlich gefördert werden, könnten religiöse Gruppen, die auf Erdbestattungen bestehen, Schwierigkeiten haben, passende Bestattungsplätze zu finden. Dies kann zu Spannungen führen, wenn Bestattungsgesetze und religiöse Praktiken miteinander kollidieren.
Kulturelle Sensibilität: Es ist wichtig, dass in multikulturellen Gesellschaften sensibel mit den verschiedenen Ritualen umgegangen wird. In Krankenhäusern, Altenheimen und Bestattungsunternehmen sollte das Personal geschult sein, um die Bedürfnisse der verschiedenen religiösen und kulturellen Gruppen zu respektieren und zu erfüllen.

b) Gemeinsame Trauerfeiern
In interkulturellen oder interreligiösen Familien kann es eine Herausforderung sein, gemeinsame Trauerfeiern zu organisieren. Besonders wenn Familienmitglieder unterschiedlichen Religionen oder Kulturen angehören, kann es schwierig sein, einen Konsens darüber zu finden, wie der Tod rituell begangen werden soll.

Dialog zwischen den Angehörigen: In solchen Fällen ist der offene Dialog zwischen den Familienmitgliedern entscheidend. Es kann hilfreich sein, einen Weg zu finden, der die Bedürfnisse und Überzeugungen aller Beteiligten berücksichtigt. Oftmals ist eine Kombination der Rituale möglich, die sowohl den religiösen Anforderungen als auch den familiären Traditionen gerecht wird.
Symbolische Gesten der Einheit: Interreligiöse oder interkulturelle Trauerfeiern können auch eine Gelegenheit bieten, die Vielfalt der Familie zu betonen. Rituale, die aus verschiedenen Traditionen stammen, können nebeneinander bestehen und ein Gefühl der Einheit in der Vielfalt schaffen.

c) Verständnis und Akzeptanz in der Gesellschaft
Gesellschaften, die sich zunehmend diversifizieren, stehen vor der Herausforderung, die unterschiedlichen Arten des Trauerns und Abschiednehmens zu akzeptieren. Dies erfordert Offenheit und Respekt gegenüber den Traditionen und Überzeugungen anderer.
Bildung und Sensibilisierung: Öffentliche Einrichtungen, Schulen und Medien spielen eine wichtige Rolle dabei, die Bevölkerung über die verschiedenen Trauerrituale und religiösen Vorstellungen zu informieren.
Bildung kann dazu beitragen, Vorurteile abzubauen und Verständnis für die Vielfalt im Umgang mit dem Tod zu fördern.
Respekt vor öffentlichen Ritualen: In einigen Kulturen, wie in Ghana oder Mexiko, sind Beerdigungen und Trauerfeiern öffentliche und oft laute Ereignisse.

In westlichen Ländern, in denen der Tod oft als etwas Privates und Stilles betrachtet wird, kann dies Irritationen hervorrufen. Es ist wichtig, dass solche Unterschiede akzeptiert und als Teil der kulturellen Vielfalt angesehen werden.

Fazit

Der Umgang mit Tod und Trauer ist tief in den kulturellen und religiösen Überzeugungen der Menschen verwurzelt. In vielen nicht-westlichen Kulturen wird der Tod als Teil des Lebens offen und oft mit Ritualen begangen, die den Trauernden Struktur und Trost bieten.
Diese Rituale helfen dabei, die Trauer zu verarbeiten, das Andenken an den Verstorbenen zu bewahren und den Übergang in das nächste Leben zu begleiten.
Während in westlichen Kulturen der Tod oft tabuisiert und der Trauerprozess privat gehalten wird, bieten andere Kulturen einen offeneren, gemeinschaftlicheren Ansatz. Dies verdeutlicht, wie wichtig es ist, in einer zunehmend globalisierten Welt einen interkulturellen und interreligiösen Dialog zu fördern. Verständnis und Respekt für die verschiedenen Wege des Trauerns sind entscheidend, um eine inklusive und einfühlsame Gesellschaft zu schaffen. Indem wir uns die Offenheit und Akzeptanz anderer Kulturen in Bezug auf den Tod zu eigen machen, können wir unsere eigene Sicht auf das Leben und den Abschied erweitern und bereichern.

Der Einfluss von Technologie

In den letzten Jahrzehnten hat die Technologie nahezu alle Aspekte unseres Lebens verändert, und auch der Umgang mit Tod und Abschied bleibt davon nicht unberührt. Während Abschiedsrituale und Bestattungsbräuche traditionell tief in Kultur, Religion und sozialen Normen verwurzelt sind, ermöglicht die Technologie neue Formen des Gedenkens, Erinnerns und Verabschiedens. Von digitalen Traueranzeigen und virtuellen Gedenkstätten bis hin zu neuen Technologien, die den gesamten Prozess der Bestattung beeinflussen, eröffnet die technologische Entwicklung neue Wege, den Tod zu verarbeiten und das Andenken an Verstorbene zu bewahren.
Dieses Kapitel widmet sich dem umfassenden Einfluss der Technologie auf Abschiede und untersucht, wie sich die Art und Weise, wie wir trauern, gedenken und uns verabschieden, durch moderne technische Innovationen verändert hat. Dabei wird ein breites Spektrum an Themen beleuchtet – von der Digitalisierung von Trauerprozessen bis hin zu neuen Bestattungsmethoden.

Digitale Trauerkultur: Gedenken im Internet

Das Internet hat den Raum für Trauer und Gedenken stark erweitert. In der Vergangenheit war das Gedenken an Verstorbene auf den physischen Raum beschränkt – in Form von Grabstätten, Trauerfeiern und Gedenkzeremonien. Heute existiert parallel dazu eine digitale Trauerkultur, die den virtuellen Raum für die Trauerarbeit und das Gedenken erschließt.

a) Virtuelle Gedenkstätten

Virtuelle Gedenkstätten bieten eine moderne Möglichkeit, den Verstorbenen zu ehren und dauerhaft an sie zu erinnern. Digitale Plattformen ermöglichen es den Angehörigen, online Gedenkseiten zu erstellen, auf denen sie Fotos, Videos, Biografien und persönliche Nachrichten veröffentlichen können. Diese Gedenkseiten können jederzeit und von überall auf der Welt aufgerufen werden, was es den Hinterbliebenen ermöglicht, auch aus der Ferne zu trauern und sich dem Verstorbenen nahe zu fühlen.

Ein weiterer Vorteil virtueller Gedenkstätten liegt in der zeitlichen Unabhängigkeit. Während herkömmliche Trauerrituale oft an einen spezifischen Zeitpunkt gebunden sind, ermöglichen es Online-Gedenkseiten, jederzeit und im eigenen Tempo zu trauern. Angehörige und Freunde können zu verschiedenen Zeitpunkten Nachrichten hinterlassen und so einen fortlaufenden Erinnerungsprozess unterstützen.

b) Soziale Netzwerke und digitale Traueranzeigen

Soziale Netzwerke spielen eine zunehmende Rolle in der modernen Trauerkultur. Auf Plattformen wie Facebook, Instagram und Twitter teilen Menschen Trauerbekundungen, Erinnerungen und Beileidsbekundungen öffentlich. Diese Art der öffentlichen Trauer ist eine relativ neue Entwicklung, die durch die Reichweite sozialer Medien möglich gemacht wurde.

Besonders Facebook bietet spezielle Funktionen für den Trauerfall an: Nutzer können Gedenkseiten erstellen, auf denen Freunde und Familienmitglieder Kommentare hinterlassen und das Leben des Verstorbenen würdigen können.
Im Falle des Todes eines Nutzers kann sein Facebook-Profil in einen Gedenkzustand versetzt werden, sodass es zu einem virtuellen Ort des Erinnerns wird. Die Möglichkeit, Traueranzeigen und Beileidsbekundungen digital zu verbreiten, ermöglicht es den Hinterbliebenen, schneller und breiter ein Netzwerk von Unterstützung zu mobilisieren.
In diesem Kontext sei auch die Notwendigkeit der Einbeziehung des digitalen Erbes in die persönliche Vorsorge erwähnt. Denken Sie an die Verfügbarkeit Ihrer Zugänge zu Ihren sozialen Medien für Ihre Nachkommen und bestimmen Sie, wie damit nach Ihrem Ableben verfahren werden soll.

c) Livestreams von Beerdigungen

Eine weitere wichtige Entwicklung in der digitalen Trauerkultur ist die Möglichkeit, Beerdigungen live über das Internet zu übertragen. Besonders während der COVID-19-Pandemie, als persönliche Zusammenkünfte stark eingeschränkt waren, haben Livestreams von Trauerfeiern an Bedeutung gewonnen. Diese Option ermöglicht es Familienmitgliedern und Freunden, an der Zeremonie teilzunehmen, auch wenn sie physisch nicht vor Ort sein können.

Livestreams können nicht nur geografische Entfernungen überwinden, sondern bieten auch Menschen, die aus gesundheitlichen oder persönlichen Gründen nicht an der Trauerfeier teilnehmen können, die Möglichkeit, Abschied zu nehmen. Die technische Ausstattung dafür – Kameras, Mikrofone und entsprechende Software – ist mittlerweile leicht verfügbar, und viele Bestatter bieten Livestreams inzwischen als Teil ihres Serviceangebots an.

d) Moderne Bestattungsplanung: Entlastung für Angehörige

Die Nutzung spezieller Managementsoftware für Bestattungsinstitute erleichtert den Austausch zwischen Bestattern und Angehörigen. Die digitale Kommunikation beschleunigt Formalitäten und schafft Transparenz. So gewinnen Angehörige mehr Zeit und Ruhe für die Trauerbewältigung, weil sie viele Entscheidungen bequem und in Ruhe von zu Hause aus digital treffen können. Bei der Wahl eines vertrauenswürdigen Bestattungsinstituts können Orientierungshilfen wie die Mitgliedschaft in einem Bestatterverband als Qualitätssiegel dienen. Zudem ist es wichtig, dem eigenen Bauchgefühl zu vertrauen, um sicherzustellen, dass man sich gut aufgehoben fühlt.

Technologie als Werkzeug der Trauerbewältigung

Neben den direkten Auswirkungen auf Bestattung und Gedenken bietet die Technologie auch neue Werkzeuge, die den Trauerprozess unterstützen und den Hinterbliebenen helfen können, mit ihrem Verlust umzugehen. Digitale Hilfsmittel und Plattformen haben das Potenzial, den Trauerprozess zu erleichtern und den Trauernden in schwierigen Zeiten emotionalen Beistand zu bieten.

a) Virtuelle Trauergruppen und Online-Trauerforen
Das Internet hat eine Vielzahl von virtuellen Trauergruppen und Online-Foren hervorgebracht, in denen sich Trauernde austauschen und gegenseitig unterstützen können. Diese Plattformen bieten einen geschützten Raum, in dem Menschen über ihre Gefühle sprechen und Trost finden können, oft anonym und ohne die sozialen Barrieren, die in persönlichen Begegnungen manchmal existieren.
Besonders für Menschen, die isoliert leben oder in ihrem direkten Umfeld keine angemessene Unterstützung finden, bieten diese virtuellen Gemeinschaften eine wichtige Möglichkeit, ihre Trauer zu verarbeiten. Sie ermöglichen es Trauernden, ihre Erfahrungen mit anderen zu teilen, die sich in ähnlichen Situationen befinden, und so ein Gefühl von Gemeinschaft und Zusammengehörigkeit zu erleben.

b) Trauer-Apps und digitale Tagebücher

Trauer-Apps und digitale Tagebücher sind ein weiteres Beispiel dafür, wie Technologie den Trauerprozess erleichtern kann. Solche Apps bieten oft interaktive Funktionen wie das Festhalten von Erinnerungen, das Teilen von Fotos oder das Schreiben von Nachrichten an den Verstorbenen. Diese Funktionen können den Trauernden dabei helfen, ihren Schmerz zu verarbeiten und eine anhaltende Verbindung zu dem Verstorbenen zu bewahren.

Einige dieser Apps bieten auch geführte Meditationen, Ratschläge für den Umgang mit Trauer und Möglichkeiten zur Kontaktaufnahme mit professionellen Trauerbegleitern. Sie können den Trauernden dabei helfen, ihren Trauerprozess besser zu verstehen und Wege zu finden, die emotionale Belastung zu bewältigen.

c) Virtuelle Realität (VR) und Trauertherapie

Die Virtuelle Realität (VR) hat sich ebenfalls als potenzielles Werkzeug in der Trauertherapie erwiesen. Durch den Einsatz von VR können Trauernde virtuelle Welten betreten, in denen sie ihren Emotionen Raum geben und auf kreative Weise mit ihrem Verlust umgehen können. Es gibt bereits erste Projekte, die VR-Trauertherapien nutzen, um Trauernden zu helfen, Abschied zu nehmen oder schwierige emotionale Prozesse zu durchlaufen.

Durch VR können Trauernde beispielsweise virtuelle Erinnerungsorte schaffen, die sie besuchen können, um sich mit ihren Gefühlen auseinanderzusetzen. Diese Technologie kann eine tiefere emotionale Verarbeitung ermöglichen und den Trauerprozess unterstützen, indem sie den Trauernden hilft, ihre Gefühle zu visualisieren und zu verarbeiten.

Fazit

Der Einfluss der Technologie auf Abschiede ist vielfältig und tiefgreifend. Von digitalen Gedenkstätten und Livestreams von Beerdigungen über neue, umweltfreundliche Bestattungsmethoden, der Nutzung von neuester Managementsoftware bei Bestattungsinstituten bis hin zu innovativen Werkzeugen für die Trauerbewältigung – die technologische Entwicklung hat die Art und Weise, wie wir mit Tod und Abschied umgehen, grundlegend verändert.

Während einige dieser Entwicklungen noch in den Anfängen stehen, zeigt sich bereits jetzt, dass Technologie eine wichtige Rolle dabei spielen kann, den Trauerprozess zu erleichtern und den Abschied individueller, persönlicher und umweltfreundlicher zu gestalten. Auch in Zukunft wird die Technologie wahrscheinlich eine noch größere Rolle in der Trauerkultur spielen und neue Möglichkeiten eröffnen, wie wir Abschied nehmen und das Andenken an unsere Verstorbenen bewahren.

12. Trends in der Bestattungskultur

Die Frage der Nachhaltigkeit hat zu einem Wandel in der Bestattungskultur geführt. Viele Menschen möchten heute ihren ökologischen Fußabdruck so gering wie möglich halten – auch nach dem Tod. Dies hat dazu beigetragen, dass sich alternative Bestattungsmethoden neben den traditionellen Formen durchsetzen.

Vergleich der Umweltfolgen zwischen Erdbestattung und Urnenbestattung

Wenn man die ökologische Belastung durch den Sarg bei der Einäscherung in Betracht zieht, werden die Unterschiede zwischen Erdbestattung und Urnenbestattung deutlich: Während bei der Erdbestattung der Sarg langfristig im Boden verbleibt und sich zersetzt, wird er bei der Urnenbestattung verbrannt, was kurzfristig zu einem höheren Energieverbrauch und einer stärkeren Luftverschmutzung führt. Andererseits spart die Urnenbestattung langfristig durch den geringeren Flächenverbrauch und die minimale Grabpflege an Ressourcen.
Energie und Emissionen: Der Energieverbrauch und die Emissionen der Einäscherung mit Sarg machen die Urnenbestattung in puncto sofortiger ökologischer Belastung oft weniger umweltfreundlich als erwartet. Die Emissionen können je nach Sargmaterial und Einäscherungstechnik variieren, sind jedoch insgesamt signifikant.

Langfristige Umweltauswirkungen: Im Gegensatz dazu hinterlässt die Urnenbestattung langfristig weniger Umweltauswirkungen, da sie weniger Platz beansprucht und keine dauerhafte Grabpflege erfordert. Zudem kann bei naturnahen Bestattungen, wie in Friedwäldern oder Streuwiesen, die Umweltbelastung weiter reduziert werden.

Verbesserungspotenziale der Urnenbestattung

Es gibt verschiedene Möglichkeiten, die Umweltbilanz der Urnenbestattung zu verbessern. Eine davon ist die Verwendung von umweltfreundlichen Särgen, die ohne schädliche Lacke oder Chemikalien hergestellt werden und sich vollständig biologisch abbauen. Auch der Einsatz effizienterer Kremationstechnologien könnte die Emissionen und den Energieverbrauch reduzieren.

Waldbestattungen und Friedwälder

Eine beliebte Alternative zur traditionellen Bestattung ist die Waldbestattung. In sogenannten Friedwäldern oder Ruheforsten werden die Urnen in biologisch abbaubaren Behältern direkt unter Bäumen beigesetzt, ohne dass ein Grabstein oder eine aufwendige Grabpflege erforderlich ist.

Biologisch abbaubare Urnen: Diese Urnen bestehen aus Materialien wie Holz, Bambus oder gepresstem Papier und zersetzen sich vollständig im Boden. Sie hinterlassen keine Schadstoffe und beeinträchtigen die natürliche Umgebung nicht.

Keine Grabpflege: In Friedwäldern bleibt die Natur unverändert. Es gibt keine Gräber im klassischen Sinne, und die Pflege erfolgt durch die Natur selbst. Dies reduziert den Einsatz von Ressourcen wie Wasser, Dünger oder Chemikalien.

Streuwiesen und anonyme Bestattungen

Eine weitere umweltfreundliche Alternative ist die Beisetzung auf Streuwiesen, bei der die Asche des Verstorbenen ohne Urne in der Natur verstreut wird. Diese Form der Bestattung benötigt weder Sarg noch Grabstätte und hat daher einen minimalen ökologischen Fußabdruck. Diese Offerte ist allerdings nicht sehr verbreitet.

Minimale Umweltbelastung: Da weder ein Grab noch eine Urne erforderlich sind, entfallen die typischen Belastungen durch Materialverbrauch und Flächenbedarf. Die Asche selbst wird in der Natur verstreut und beeinträchtigt das Ökosystem kaum.

Anonymität und natürliche Rückkehr: Oft ist diese Bestattungsart anonym, und es gibt keine bleibende Erinnerung in Form eines Grabsteins. Dies entspricht dem Wunsch vieler Menschen, einfach in die Natur zurückzukehren, ohne Spuren zu hinterlassen.

BITTE bedenken Sie aber die Konsequenzen einer anonymen Bestattungsform! Ihre Angehörige haben dadurch keinen definierten Begegnungsort. Für manche Angehörige kommt erst im Trauerprozess das Bedürfnis nach diesem Ort, welcher dann nicht mehr möglich ist.

Viele unserer Kunden begründen ihre Überlegungen damit, ihren Nächsten nicht mehr zur Last fallen zu wollen. Aber tun Sie ihren Angehörigen damit wirklich einen Gefallen? Vielleicht wäre der Gedanke einer Beisetzung mit zumindest einem Namensschild eine schöne Alternative? Hier ist der Pflegeaufwand gering und er „Begegnungsort“ bleibt erhalten.

Wasserbestattungen

Wasserbestattungen, bei denen die Asche des Verstorbenen auf See verstreut wird, sind eine weitere naturnahe Alternative. Sie erfordern keine Landfläche und werden oft als besonders spirituell und friedvoll wahrgenommen. Auch hier wird die Asche in einem biologisch abbaubaren Behälter im Wasser versenkt.
Umweltschutz bei der Wasserbestattung: Da die Asche in einem abbaubaren Behälter versenkt wird, wird die Umweltbelastung minimal gehalten. Allerdings gibt es Vorschriften, um sicherzustellen, dass keine schädlichen Stoffe ins Meer gelangen.

Technologische Innovationen in der Bestattung

Neben den Veränderungen und dem Bewusstsein für Nachhaltigkeit in der Trauerkultur hat die Technologie auch den Bestattungsprozess selbst beeinflusst. Neue Bestattungsmethoden, die auf technologischen Innovationen beruhen, bieten weitere Möglichkeiten, den Körper eines Verstorbenen zu behandeln und ihn der Erde zurückzugeben.

a) Kryomation: Die Kältebestattung, Kryomation ist eine relativ neue Bestattungsmethode, die als Alternative zur Einäscherung angesehen wird. Dabei wird der Körper des Verstorbenen auf eine sehr niedrige Temperatur von etwa -196 °C heruntergekühlt, wodurch er extrem spröde wird. Anschließend wird er in winzige Partikel zermahlen, die leicht kompostierbar sind. Im Gegensatz zur Einäscherung, die erhebliche Mengen an CO2 ausstößt, hinterlässt die Kryomation einen deutlich geringeren ökologischen Fußabdruck und bietet eine nachhaltigere Bestattungsoption. In Deutschland ist Kryomation als Bestattungsform noch nicht weit verbreitet und rechtlich nicht vollständig geregelt. Der Prozess der Kryomation, wie er in einigen anderen Ländern angeboten wird, ist hierzulande noch nicht etabliert.
Es gibt jedoch Bestrebungen, alternative Bestattungsformen, einschließlich Kryomation, in die rechtlichen Rahmenbedingungen einzubeziehen.

b) Resomation: Die Wasserbestattung
Die Resomation, auch als „Alkalische Hydrolyse“ bekannt, ist eine weitere Alternative zur herkömmlichen Bestattung. Bei dieser Methode wird der Körper in einem Druckbehälter mit einer Lauge versetzt und auf etwa 150 °C erhitzt. Durch diesen Prozess wird der Körper in seine Grundbestandteile aufgelöst, und übrig bleibt eine sterile Flüssigkeit sowie die Knochen, die pulverisiert und an die Hinterbliebenen übergeben werden können.

Da dieser Prozess weniger Energie als die Einäscherung benötigt und keine schädlichen Emissionen freisetzt, wird die Resomation als umweltfreundliche Bestattungsform angesehen.

Die rechtlichen Rahmenbedingungen für Resomation variieren von Land zu Land, und in vielen Regionen könnte es noch eine Weile dauern, bis sie allgemein akzeptiert wird. Es ist ratsam, sich bei Bestattungsunternehmen in den jeweiligen Ländern zu erkundigen, um spezifische Informationen zu erhalten.

c) Kompostierung des Körpers

Die Kompostierung des menschlichen Körpers, auch als „natural organic reduction“ bekannt, ist eine weitere nachhaltige Innovation im Bereich der Bestattung. Bei diesem Verfahren wird der Körper in einer speziellen Anlage kompostiert und in etwa einem Monat in nährstoffreichen Boden verwandelt. Diese Methode wurde in den letzten Jahren in einigen US-Bundesstaaten legalisiert und bietet eine völlig neue Art des „grünen“ Abschieds. Auch in Deutschland ist diese Möglichkeit in gewissen Bundesländern inzwischen möglich.
Mehr Informationen finden Sie unter folgender Anbieterseite: www.meine-erde.de

13. Langfristige Vorsorge

Die langfristige Vorsorge umfasst nicht nur finanzielle Überlegungen, sondern auch psychologische und emotionale Aspekte. Sie ist ein Prozess, der idealerweise frühzeitig beginnt und regelmäßig angepasst wird. Menschen, die sich bewusst mit ihrer Endlichkeit auseinandersetzen, neigen dazu, achtsamer mit ihren Ressourcen umzugehen und klarere Prioritäten zu setzen – sowohl in Bezug auf materielle Dinge als auch auf Beziehungen und Lebensziele.

Finanzielle Absicherung der Hinterbliebenen

Eine zentrale Säule der langfristigen Vorsorge ist die finanzielle Absicherung der Hinterbliebenen. Dies sorgt nicht nur für Sicherheit in der Zukunft, sondern kann auch im Fall des eigenen Todes den Angehörigen große Sorgen abnehmen. Die wichtigsten Instrumente zur finanziellen Absicherung sind dabei Versicherungen, Erbschaftsplanung und die regelmäßige Aktualisierung wichtiger Dokumente.

Versicherungen: Vorsorge durch Absicherung

Verschiedene Versicherungsarten bieten finanzielle Unterstützung für Hinterbliebene und stellen sicher, dass im Todesfall keine finanziellen Belastungen auf die Familie zukommen.

Einige der gängigsten Versicherungen im Zusammen-hang mit der Vorsorge sind:

Risikolebensversicherung: Diese Versicherung zahlt im Todesfall der versicherten Person eine festgelegte Summe an die Angehörigen aus. Sie dient vor allem dazu, finanzielle Lücken zu schließen, wenn der Hauptverdiener verstirbt, und sichert die Lebensqualität der Hinterbliebenen.

Sterbegeldversicherung: Diese Versicherung wird speziell zur Deckung der Bestattungskosten abgeschlossen. Sie entlastet die Angehörigen von den finanziellen Lasten, die mit einer Beerdigung verbunden sind. Je nach Tarif kann sie die Kosten der Bestattung vollständig abdecken.

Berufsunfähigkeitsversicherung: Diese Versicherung ist nicht direkt auf den Todesfall ausgerichtet, sondern schützt vor finanziellen Einbußen, falls man aus gesundheitlichen Gründen vorzeitig aus dem Berufsleben ausscheiden muss. Sie kann indirekt zur Vorsorge beitragen, da sie die finanzielle Stabilität sichert.

Der Einfluss der Endlichkeit auf Lebensziele

Die Auseinandersetzung mit der eigenen Endlichkeit hat einen tiefgreifenden Einfluss auf die Lebensgestaltung und Prioritäten. Sie führt oft zu einer Neuorientierung hin zu Dingen, die als wirklich wichtig und sinnstiftend wahrgenommen werden.

Reflektion über den eigenen Lebensweg

Sich mit dem Tod zu beschäftigen, zwingt viele Menschen dazu, über ihren bisherigen Lebensweg nachzudenken und sich die Frage zu stellen, ob sie das tun, was ihnen wirklich am Herzen liegt. Es geht darum, die eigene Lebensgeschichte zu betrachten und möglicherweise Veränderungen vorzunehmen, um das Leben bewusster und erfüllter zu gestalten.

Berufliche Ziele: Die Endlichkeit des Lebens rückt für viele Menschen die beruflichen Ambitionen in ein neues Licht. Oft entsteht der Wunsch, die Arbeit mit mehr Sinn zu erfüllen oder sich beruflich neu zu orientieren, um den eigenen Werten besser zu entsprechen.

Persönliche Erfüllung: Viele Menschen überdenken ihre persönlichen Ziele und legen mehr Wert auf zwischenmenschliche Beziehungen, persönliche Entwicklung und Zeit für sich selbst. Die Frage „Was möchte ich in der Zeit, die mir bleibt, noch erreichen?“ kann zu einer bewussteren Lebensgestaltung führen.

Prioritäten neu setzen

Die Auseinandersetzung mit dem Tod verändert oft die Perspektive auf das, was im Leben wirklich zählt. Prioritäten verschieben sich von materiellen Zielen hin zu emotionalen und zwischenmenschlichen Werten.

Zeit für Familie und Freunde: Viele Menschen erkennen, wie wichtig es ist, wertvolle Zeit mit Familie und Freunden zu verbringen. Beziehungen werden bewusster gepflegt, und es entsteht oft der Wunsch, Konflikte zu lösen oder alte Freundschaften wieder aufleben zu lassen.

Sinnvolle Aktivitäten: Statt rein karriereorientierter oder materieller Ziele rückt der Wunsch nach Sinn in den Vordergrund. Menschen engagieren sich mehr im sozialen Bereich oder widmen sich Hobbys und Aktivitäten, die sie schon immer erfüllen wollten.

14. Vorbereitung auf den eigenen Tod

Der Gedanke an den eigenen Tod ist für viele Menschen unangenehm, doch die Vorbereitung darauf kann helfen, Ängste abzubauen und Sicherheit zu gewinnen. Es geht darum, sich mit den praktischen und emotionalen Aspekten auseinanderzusetzen, um am Ende des Lebens eine würdige und selbstbestimmte Betreuung zu gewährleisten.

Hospiz- und Palliativpflege

Für Menschen mit unheilbaren Erkrankungen ist die Palliativ- und Hospizpflege ein wesentlicher Bestandteil der Vorbereitung auf den eigenen Tod. Beide Ansätze zielen darauf ab, die Lebensqualität zu verbessern und den Sterbeprozess so schmerzfrei und würdevoll wie möglich zu gestalten.

Hospizpflege: Hospize bieten Sterbenden eine ganzheitliche Betreuung, die körperliche, emotionale und spirituelle Aspekte umfasst. Sie helfen dabei, den Tod als natürlichen Teil des Lebens zu akzeptieren und ermöglichen es, die verbleibende Zeit möglichst erfüllt zu erleben.

Palliativpflege: Die Palliativpflege fokussiert sich auf die Linderung von Symptomen und Schmerzen bei unheilbaren Krankheiten. Sie wird oft in Zusammenarbeit mit Krankenhäusern oder Pflegeeinrichtungen angeboten und bietet eine wichtige Unterstützung für Menschen, die zuhause oder in einer Klinik sterben.

Persönliche Rituale für den eigenen Tod

Der Wunsch, dem eigenen Tod eine individuelle Bedeutung zu verleihen, führt oft dazu, dass Menschen persönliche Rituale und Symbole festlegen, die sie sich für ihre Beerdigung oder Trauerfeier wünschen.

Musik und Reden: Viele Menschen haben eine genaue Vorstellung davon, welche Musik bei ihrer Beerdigung gespielt werden soll oder welche Reden gehalten werden. Diese Wünsche können in Gesprächen mit dem Bestatter oder den Hinterbliebenen klar formuliert und in die Planung der Beerdigung eingebracht werden.

Besondere Gesten: Streuen des Lieblingskaffees bei der Verabschiedung an der Grabstätte, Verteilen persönlicher Blumensamen an die anwesenden Trauergäste für den heimischen Garten als Ort der Wiederbegegnung oder andere symbolische Handlungen – individuelle Rituale geben der Trauerfeier eine persönliche Note und helfen den Hinterbliebenen, sich auf eine besondere Art zu verabschieden und zu erinnern.

Vorbereitung durch Loslassen

Loslassen ist ein wichtiger Teil des Vorbereitungsprozesses auf den eigenen Tod, sowohl in materieller als auch in emotionaler Hinsicht. Der bewusste Umgang mit Besitz, Beziehungen und inneren Konflikten kann den Übergang erleichtern und einen friedvollen Abschied ermöglichen.

Loslassen von materiellen Dingen

Im Laufe des Lebens sammeln sich viele Besitztümer an, von denen sich manche als überflüssig erweisen, andere hingegen einen emotionalen Wert besitzen. Der bewusste Umgang mit materiellen Dingen kann ein befreiender Prozess sein, sowohl im Hinblick auf das Leben als auch auf den Tod. Sich von unnötigem Besitz zu trennen, ist nicht nur eine praktische Vorbereitung für das eigene Ableben, sondern hilft auch, das Leben einfacher und übersichtlicher zu gestalten.

Entrümpeln und Minimalismus

Das Konzept des Minimalismus hat in den letzten Jahren an Popularität gewonnen. Es geht darum, sich auf das Wesentliche zu konzentrieren und überflüssigen Besitz loszulassen. Dies hat nicht nur praktische Vorteile, wie etwa weniger Stress bei Umzügen oder im Alltag, sondern auch emotionale. Wer sich frühzeitig mit der Reduktion von Besitztümern auseinandersetzt, hat die Möglichkeit, die Dinge, die ihm wirklich wichtig sind, in den Vordergrund zu stellen.

Emotionaler Ballast: Viele Menschen halten an Gegenständen fest, weil sie emotionale Erinnerungen daran knüpfen. Doch zu viele solcher „Erinnerungsstücke“ können belasten. Ein achtsames Loslassen dieser Dinge kann helfen, sich auf das Wesentliche zu fokussieren und Platz für neue Erfahrungen zu schaffen.

Praktische Erleichterung für Hinterbliebene:
Wenn man zu Lebzeiten klar festlegt, welche Gegenstände weitergegeben, verkauft oder gespendet werden sollen, nimmt man den Hinterbliebenen eine große Last ab.
Viele Menschen, die den Tod eines nahen Verwandten erlebt haben, berichten von der emotionalen und physischen Belastung, den Nachlass zu sortieren und zu verwalten. Durch das Entrümpeln zu Lebzeiten kann diese Belastung minimiert werden.

Bedeutung von Erinnerungsstücken

Während es sinnvoll ist, sich von unnötigem Besitz zu trennen, gibt es Gegenstände, die einen besonderen emotionalen Wert haben und die eine wichtige Rolle in der Erinnerungskultur spielen. Es kann hilfreich sein, diese Erinnerungsstücke bewusst auszuwählen und ihnen einen besonderen Platz in der eigenen Lebensgestaltung zu geben.
Bewusste Auswahl von Erbstücken: Statt eine große Menge an Gegenständen zu hinterlassen, die nach dem Tod aufgeteilt werden müssen, kann man sich bereits im Vorfeld überlegen, welche Stücke eine besondere Bedeutung haben und wem man sie weitergeben möchte. Dies gibt den Hinterbliebenen klare Anweisungen und verhindert Streitigkeiten.

Schaffung von Erinnerungsschätzen: Neben materiellen Erinnerungen wie Schmuck oder Kunstwerken können auch digitale Erinnerungen, wie Fotos und Videos, bewahrt und weitergegeben werden. Hierbei kann man den Wunsch äußern, wie diese Erinnerungsschätze nach dem Tod behandelt werden sollen – ob sie beispielsweise in einem Fotoalbum oder in einem digitalen Archiv gesammelt werden.

Loslassen von alten Mustern und Konflikten

Nicht nur materieller Besitz, sondern auch ungelöste Konflikte und alte Verhaltensmuster können einen belasten und den Abschied vom Leben erschweren. Es kann befreiend sein, sich von emotionalem Ballast zu lösen und mit ungelösten Konflikten Frieden zu schließen.

a) Konflikte klären und Frieden schließen
Im Laufe des Lebens entstehen oft Konflikte oder schwierige Beziehungen, die nicht immer sofort gelöst werden können. Diese ungelösten Spannungen können belasten und in den letzten Lebensjahren schwer auf dem Herzen liegen. Wer sich frühzeitig mit diesen Konflikten auseinandersetzt und versucht, sie zu klären, kann inneren Frieden finden und den Tod mit mehr Gelassenheit erwarten.

Vergebung: Sie spielt eine zentrale Rolle im Prozess des Loslassens. Oftmals hilft ein offenes Gespräch mit den betroffenen Personen, um Missverständnisse aufzuklären und Versöhnung zu ermöglichen.

Versöhnung mit sich selbst: Neben der Versöhnung mit anderen ist es ebenso wichtig, Frieden mit sich selbst zu schließen. Fehler und verpasste Gelegenheiten gehören zum Leben. Anstatt sich von Schuldgefühlen oder Reue quälen zu lassen, ist es hilfreich, sich selbst zu vergeben und die eigene Endlichkeit zu akzeptieren.

b) Transformation alter Verhaltensmuster

Die Auseinandersetzung mit dem eigenen Tod kann auch dazu führen, dass man über alte Verhaltensmuster nachdenkt, die möglicherweise nicht mehr dienlich sind. Es ist nie zu spät, alte Gewohnheiten abzulegen und neue Wege zu gehen, um das Leben bewusster und erfüllter zu gestalten.

Reflektion über eigene Muster: Viele Menschen erkennen, dass bestimmte Verhaltensmuster, wie etwa Perfektionismus oder die Tendenz, sich zu stark auf materielle Werte zu konzentrieren, im Angesicht des Todes an Bedeutung verlieren. Das Loslassen dieser Muster kann zu mehr innerer Freiheit und Zufriedenheit führen.

Achtsamkeit und bewusste Lebensgestaltung: Der bewusste Umgang mit der eigenen Endlichkeit kann dazu führen, das Leben achtsamer und wertschätzender zu gestalten. Rituale der Achtsamkeit, wie Meditation oder das bewusste Erleben des Augenblicks, können helfen, sich auf das Hier und Jetzt zu konzentrieren und die verbleibende Zeit sinnvoll zu nutzen.

15. Vorbereitung als Form der Selbstfürsorge

Der Umgang mit Verlusten ist ein unvermeidlicher Bestandteil des menschlichen Lebens. Der Tod eines geliebten Menschen oder andere Formen von Abschieden wie das Ende einer Beziehung oder der Verlust einer Lebensphase sind emotional belastend. Dennoch kann eine bewusste Vorbereitung auf solche Momente eine Form der Selbstfürsorge sein, die uns hilft, mit den emotionalen Herausforderungen des Lebens besser umzugehen. Diese Vorbereitung umfasst den Aufbau emotionaler Resilienz, das bewusste Schätzen des Lebens sowie die Versöhnung mit vergangenen Konflikten, um ein friedvolleres Leben und einen harmonischeren Abschied zu ermöglichen.

Emotionale Resilienz aufbauen

Der Verlust eines geliebten Menschen oder ein anderer schwerer Abschied kann das emotionale Gleichgewicht tief erschüttern. Doch nicht jeder Mensch geht auf die gleiche Weise mit Trauer und Schmerz um. Emotionale Resilienz – die Fähigkeit, sich von schwierigen Situationen zu erholen – spielt dabei eine entscheidende Rolle. Diese Resilienz ist keine angeborene Fähigkeit, sondern kann entwickelt und gestärkt werden.

Die Bedeutung von Resilienz

Resilienz bedeutet nicht, dass man Verluste oder schwierige Situationen ohne Schmerz oder Leid durchlebt. Vielmehr geht es darum, mit den unvermeidlichen Widrigkeiten des Lebens besser umgehen zu können und dabei nicht in einem Zustand der Hilflosigkeit oder Verzweiflung zu verharren. Resiliente Menschen sind in der Lage, sich an neue Umstände anzupassen, Trost zu finden und ihren emotionalen Zustand langfristig wieder zu stabilisieren.

Emotionale Resilienz ist besonders wichtig, wenn es darum geht, Verluste und Trauer zu bewältigen. Der Aufbau dieser inneren Stärke kann den Unterschied ausmachen, ob wir von einem Verlust überwältigt werden oder in der Lage sind, unsere Trauer zu verarbeiten und irgendwann wieder ins Leben zurückzufinden. Selbstfürsorge durch Resilienz bedeutet, sich im Vorfeld emotional zu stärken, um besser auf unvermeidliche Abschiede vorbereitet zu sein.

Wie man emotionale Resilienz aufbaut

Emotionale Resilienz entsteht durch eine bewusste Arbeit an sich selbst.

Hier sind einige Methoden, die helfen können, Resilienz aufzubauen und sich emotional zu schützen:

Selbstbewusstsein und Achtsamkeit: Achtsamkeit ist eine wertvolle Praxis, die uns hilft, im Hier und Jetzt zu leben und unsere Gedanken und Emotionen ohne Urteil zu beobachten. Indem wir unsere emotionalen Reaktionen bewusst wahrnehmen, können wir besser verstehen, wie wir auf Stress und Verlust reagieren. Dies ist der erste Schritt, um Resilienz zu entwickeln, da wir uns unserer Gefühle bewusstwerden und sie nicht ignorieren oder unterdrücken.

Emotionales Netzwerk aufbauen: Soziale Unterstützung ist ein zentraler Bestandteil von Resilienz. Ein stabiles Netzwerk von Freunden, Familienmitgliedern oder anderen Vertrauenspersonen kann in Zeiten der Trauer und des Verlustes Trost und Unterstützung bieten. Es ist wichtig, starke Beziehungen zu pflegen, auf die man in schwierigen Zeiten zurückgreifen kann.

Kognitive Umstrukturierung: Eine Methode, die in der kognitiven Verhaltenstherapie eingesetzt wird, um negative Denkmuster zu erkennen und zu ändern. Wenn wir in der Lage sind, unsere Wahrnehmung von schwierigen Situationen zu verändern und diese weniger als unüberwindbare Katastrophen, sondern als Herausforderungen zu betrachten, können wir emotional besser damit umgehen. Kognitive Umstrukturierung bedeutet also seine Gedankenmuster zu ändern.

Regelmäßige Reflexion: Sich Zeit zu nehmen, um über das eigene Leben, die eigenen Gefühle und Erfahrungen nachzudenken, kann dazu beitragen, eine tiefere emotionale Widerstandsfähigkeit zu entwickeln. Das Führen eines Tagebuchs oder die Teilnahme an Meditationen kann dabei helfen, innere Stärke aufzubauen und sich besser auf zukünftige Verluste vorzubereiten.

Körperliche und mentale Selbstfürsorge: Körperliche Gesundheit ist eng mit emotionalem Wohlbefinden verbunden. Es mag banal klingen, aber regelmäßige Bewegung, gesunde Ernährung und ausreichend Schlaf sind wesentliche Bausteine für den Aufbau von Resilienz. Ebenso kann der Umgang mit Stress durch Techniken wie Yoga oder Atemübungen die emotionale Stärke erhöhen.

Langfristige Vorteile emotionaler Resilienz

Menschen, die an ihrer emotionalen Resilienz arbeiten, sind nicht nur besser auf Verluste vorbereitet, sondern erleben auch langfristig mehr emotionale Stabilität und Zufriedenheit im Leben. Resilienz ermöglicht es uns, nicht in der Trauer oder dem Schmerz stecken zu bleiben, sondern mit der Zeit zu heilen und weiterzumachen. Resiliente Menschen können schwierige Situationen nutzen, um zu wachsen und neue Perspektiven zu entwickeln, die ihnen helfen, zukünftigen Herausforderungen mit mehr Gelassenheit zu begegnen.

Im Angesicht des Abschieds

Eine der wertvollsten Lehren, die wir aus Abschieden und Verlusten ziehen können, ist die Erinnerung daran, das Leben im Hier und Jetzt zu schätzen. Oft leben wir unser Leben im Autopilot, immer in Eile, von einer Verpflichtung zur nächsten, ohne uns Zeit zu nehmen, das zu schätzen, was wir haben. Abschiede zwingen uns, innezuhalten und zu wahrzunehmen, was wirklich wichtig ist.

Bewusstsein für die Vergänglichkeit des Lebens

Abschiede erinnern uns an die Vergänglichkeit des Lebens. Sie verdeutlichen, dass nichts von Dauer ist – weder Beziehungen, noch Lebensphasen, noch das Leben selbst. Dieses Bewusstsein kann dazu führen, dass wir unser eigenes Leben bewusster und intensiver erleben. Es fordert uns auf, nicht auf morgen zu warten, um glücklich zu sein, sondern im Hier und Jetzt Freude, Dankbarkeit und Zufriedenheit zu finden.
Oft führt die Konfrontation mit dem Tod eines geliebten Menschen oder einem anderen Verlust dazu, dass wir uns fragen, ob wir wirklich das Leben leben, das wir leben wollen. Haben wir unsere Träume verwirklicht? Haben wir unsere Beziehungen gepflegt? Haben wir genug Zeit mit den Menschen verbracht, die uns am Herzen liegen?

Solche Fragen können uns dazu anregen, das Leben neu zu gestalten und die Dinge in Angriff zu nehmen, die wir vielleicht aufgeschoben haben.

Praktiken, um das Leben zu schätzen

Dankbarkeit kultivieren: Dankbarkeit ist eine der wirksamsten Methoden, um das Leben im Hier und Jetzt zu schätzen. Indem wir uns bewusst Zeit nehmen, darüber nachzudenken, wofür wir dankbar sind – sei es unsere Gesundheit, unsere Beziehungen oder einfache Freuden des Alltags – können wir unsere Perspektive auf das Leben verändern. Ein tägliches Dankbarkeitstagebuch kann uns dabei helfen, den Fokus auf das Positive zu lenken.
Bewusstes Erleben des Moments: Achtsamkeit bedeutet, jeden Moment bewusst zu erleben, anstatt gedanklich in der Vergangenheit oder der Zukunft zu verweilen. Durch Achtsamkeitstechniken wie Meditation oder einfaches achtsames Atmen können wir lernen, die Schönheit des Augenblicks wahrzunehmen und das Leben intensiver zu erleben.
Zeit mit den Liebsten verbringen: Der Verlust eines geliebten Menschen führt uns oft vor Augen, wie kostbar unsere Beziehungen sind. Um das Leben wirklich zu schätzen, ist es wichtig, bewusste Zeit mit den Menschen zu verbringen, die uns am Herzen liegen. Es geht darum, tiefe Verbindungen zu schaffen, Gespräche zu führen, die uns bewegen, und liebevolle Gesten zu zeigen, die unsere Zuneigung und Wertschätzung ausdrücken.

Wunschleben gestalten: Abschiede erinnern uns daran, dass das Leben kurz ist und wir keine Zeit verschwenden sollten, die Dinge aufzuschieben, die uns wirklich wichtig sind. Selbstfürsorge bedeutet auch, unser Leben so zu gestalten, dass es unseren Wünschen und Träumen entspricht. Indem wir unsere Ziele und Prioritäten regelmäßig überprüfen, können wir sicherstellen, dass wir unser Leben in Übereinstimmung mit unseren tiefsten Überzeugungen und Werten leben.

Abschied als Chance zur Neuausrichtung

Der Verlust eines Menschen oder einer Lebensphase ist schmerzhaft, aber er kann auch eine Gelegenheit zur Neuausrichtung sein. Abschiede zwingen uns oft, innezuhalten und unser Leben aus einer neuen Perspektive zu betrachten. Sie fordern uns auf, Prioritäten neu zu setzen und vielleicht auch die Dinge loszulassen, die uns nicht mehr dienlich sind.

Der bewusste Umgang mit der Endlichkeit kann uns helfen, unser Leben intensiver zu leben. Anstatt auf den perfekten Moment zu warten, um etwas zu tun, können wir beginnen, das Leben in seiner ganzen Unvollkommenheit zu genießen. Abschiede geben uns die Möglichkeit, zu erkennen, dass jeder Moment wertvoll ist, gerade weil er nicht ewig währt.

Der Wert des Friedens

Konflikte sind ein natürlicher Bestandteil zwischenmenschlicher Beziehungen, aber ungelöste Konflikte können uns emotional belasten, insbesondere wenn es um Abschiede geht. Wenn wir mit ungelösten Konflikten in eine Abschiedssituation gehen, kann dies das Gefühl der Trauer und des Verlustes noch verschärfen. Sich mit vergangenen Konflikten zu versöhnen, kann eine Form der Selbstfürsorge sein, die uns hilft, Frieden zu finden – sowohl in uns selbst als auch in unseren Beziehungen.

„Nicht weil es schwer ist, wagen wir es nicht, sondern weil wir es nicht wagen, ist es schwer.“

Lucius Annaeus Seneca (römischen Philosoph)

Das Geschenk des bewussten Abschiednehmens für den Trauerprozess

Das bewusste Abschiednehmen ist ein bedeutendes Geschenk – sowohl für die Person, die geht, als auch für die Hinterbliebenen. Es ermöglicht einen friedlicheren Übergang und erleichtert den Trauerprozess, indem es Raum für Heilung und Akzeptanz schafft. Ein bewusster Abschied eröffnet die Möglichkeit, ungesagte Worte zu äußern, ungelöste Konflikte zu klären und die verbleibende Zeit mit Wertschätzung und Liebe zu füllen.

Zeit für den emotionalen Abschied:

Ein bewusster Abschied bietet die Möglichkeit, die verbleibende Zeit mit einem geliebten Menschen auf bedeutungsvolle Weise zu gestalten. Oft ist es im Alltag leicht, wichtige Dinge auf später zu verschieben, doch Abschiede konfrontieren uns mit der Dringlichkeit des Moments. Dies kann uns dazu veranlassen, intensive und authentische Gespräche zu führen, die im gewöhnlichen Alltag vielleicht nicht stattgefunden hätten.

Der emotionale Abschied ist nicht nur für Hinterbliebene von Bedeutung, sondern auch für die Person, die sich verabschiedet. Es bietet die Gelegenheit, noch einmal die Liebe und Zuneigung derjenigen zu spüren, die uns am Herzen liegen, und möglicherweise Frieden mit unerledigten Angelegenheiten zu finden. Solche Momente können den Tod weniger beängstigend erscheinen lassen und ihn stattdessen in einen liebevollen, bedeutungsvollen Übergang verwandeln.

Die Trauer als neue Freundin

Der Verlust eines geliebten Menschen ist eine der tiefgreifendsten Erfahrungen im Leben und die Trauer, die damit einhergeht, ist ein unvermeidlicher Teil dieses Prozesses. Anstatt die Trauer nur als einen schmerzhaften Zustand zu betrachten, der überwunden werden muss, kann es hilfreich sein, sie als eine neue Freundin zu sehen – eine Begleiterin, die uns auf unserem Weg des Heilens und des persönlichen Wachstums unterstützt. In diesem Kapitel werden wir erkunden, wie wir die Trauer als neue Freundin annehmen können, um einen tieferen Zugang zu unseren Emotionen zu finden und den Trauerprozess zu bereichern.

Die Freundschaft mit der Trauer annehmen

Die Vorstellung, dass Trauer wie eine Freundin ist, mag zunächst seltsam erscheinen. In unserer Gesellschaft gibt es oft den Drang, Trauer zu vermeiden oder so schnell wie möglich hinter sich zu lassen. Doch wenn wir die Trauer als Freundin betrachten, erkennen wir, dass sie uns viel lehren kann. Diese neue Freundin ist nicht nur eine Quelle des Schmerzes, sondern auch eine Lehrerin, die uns dazu anregt, über unsere eigenen Bedürfnisse, Ängste und Hoffnungen nachzudenken.
Um diese Freundschaft zu entwickeln, müssen wir uns auf die Trauer einlassen. Anstatt sie zu verdrängen oder zu ignorieren, können wir sie mit offenen Armen empfangen.

Dies bedeutet, die Gefühle, die mit dem Verlust verbunden sind, zuzulassen und ihnen Raum zu geben. Wir dürfen traurig sein, wütend oder auch verwirrt – all diese Emotionen sind Teil der Trauer und verdienen unsere Anerkennung.

Die Trauer als Spiegel

Die Trauer kann uns als Spiegel dienen, der uns zeigt, wie tief unsere Bindungen zu den Menschen sind, die wir lieben. Wenn wir einen geliebten Menschen verlieren, wird uns bewusst, wie wichtig diese Beziehung für uns war. Die Trauer bringt uns dazu, über die Qualität unserer Beziehungen nachzudenken und darüber, wie wir die Liebe, die wir erfahren haben, in unserem Leben weiterhin ehren können.
In dieser Zeit des Nachdenkens können wir die Trauer nutzen, um uns selbst besser kennenzulernen. Was hat uns an der Beziehung zu dem Verstorbenen so viel bedeutet? Welche Werte und Lektionen haben wir aus dieser Verbindung mitgenommen?
Indem wir die Trauer als eine Freundin betrachten, die uns diese Fragen stellt, können wir wertvolle Einsichten über uns selbst und unsere Lebensweise gewinnen.

Die Trauer als Katalysator für Veränderung

Die Trauer hat das Potenzial, als Katalysator für Veränderungen in unserem Leben zu wirken. Wenn wir uns von der Trauer als Freundin leiten lassen, können wir herausfinden, was wir im Leben wirklich wollen.

Die Reflexion über den Verlust kann uns helfen, Prioritäten neu zu setzen und uns auf die Dinge zu konzentrieren, die wirklich zählen.

Diese Veränderung kann sich auf verschiedene Bereiche unseres Lebens auswirken – sei es im Beruf, in unseren Beziehungen oder in unseren Hobbys. Vielleicht finden wir den Mut, einen neuen Karriereweg einzuschlagen, eine leidenschaftliche Beziehung zu suchen oder einen lang gehegten Traum zu verwirklichen. Die Trauer kann uns dazu anregen, das Leben aktiver zu gestalten und uns auf neue Wege zu begeben.

Die Trauer als Begleiterin in der Einsamkeit

Nach einem Verlust kann die Einsamkeit übermächtig werden, vor allem, wenn Freunde und Familie in ihren Alltag zurückkehren. Hier zeigt sich die Trauer als eine treue Freundin, die in der Einsamkeit bleibt. Anstatt uns allein und verloren zu fühlen, können wir die Trauer als Gesellschaft betrachten. Sie ist da, um unsere Gefühle zu teilen und uns zu helfen, den Raum zu füllen, den der Verstorbene hinterlassen hat.
In diesen Momenten können wir die Trauer wie eine Freundin behandeln, die uns zuhört und uns Raum für unsere Gedanken und Emotionen gibt.

Die Trauer als Weg zur Verbundenheit

Die Trauer kann uns auch mit anderen Menschen verbinden, die ähnliche Erfahrungen gemacht haben. Wenn wir uns erlauben, unsere Trauer als Teil unseres Lebens zu akzeptieren, öffnen wir uns für den Austausch mit anderen Trauernden. Diese Gespräche können uns helfen, unsere Trauer zu teilen und zu verarbeiten, und sie bieten uns die Möglichkeit, gemeinsam zu trauern.

Der Austausch mit anderen, die ebenfalls Verluste erlebt haben, kann eine sehr heilende Erfahrung sein. Es erinnert uns daran, dass wir nicht allein sind und dass Trauer ein universelles Gefühl ist, das viele Menschen teilen. Diese neue Freundschaft mit der Trauer kann auch dazu führen, dass wir uns auf tiefere, bedeutungsvollere Weise mit anderen verbinden, da wir unsere Verletzlichkeit teilen.

Die Trauer als Inspirationsquelle

Die Trauer kann nicht nur schmerzhaft sein, sondern auch inspirierend. Sie kann uns dazu anregen, kreativ zu werden – sei es durch Kunst, Musik, Schreiben oder andere Formen des Ausdrucks. Diese kreativen Prozesse können als Ventil dienen, um die intensiven Emotionen, die mit der Trauer verbunden sind, zu kanalisieren.

Wenn wir die Trauer als Freundin akzeptieren, können wir lernen, sie in unsere Kreativität zu integrieren. Vielleicht schreiben wir Gedichte oder Geschichten, die unsere Erfahrungen widerspiegeln, oder wir schaffen Kunstwerke, die die Erinnerungen an den Verstorbenen ehren. Diese kreativen Ausdrücke ermöglichen es uns, die Trauer zu verarbeiten und gleichzeitig etwas Schönes aus der Trauer herauszuholen.

Fazit

Die rechtzeitige Vorbereitung auf Abschiede und Verluste ist ein zentraler Aspekt eines gesunden Umgangs mit den unvermeidlichen Herausforderungen des Lebens. Sie bietet uns nicht nur die Möglichkeit, besser mit emotionalen, praktischen und spirituellen Aspekten umzugehen, sondern schenkt uns auch ein tieferes Verständnis der Endlichkeit des Lebens. Diese Vorbereitung kann zu einem Geschenk für den Trauerprozess werden und uns dabei helfen, den Tod als natürlichen Teil des Lebens zu akzeptieren.

Die Trauer als neue Freundin anzunehmen, erfordert Mut und Offenheit. Diese Beziehung ist nicht immer einfach, aber sie bietet die Möglichkeit, die eigenen Emotionen zu erforschen, zu wachsen und neue Perspektiven auf das Leben zu gewinnen. Indem wir die Trauer als treue Begleiterin akzeptieren, können wir lernen, dass sie nicht nur Schmerz, sondern auch eine Quelle der Reflexion, Inspiration und Verbundenheit ist. Letztendlich ermöglicht uns die Trauer, uns selbst besser kennenzulernen und das Leben auf eine tiefere, bedeutungsvollere Weise zu leben.

Wenn Sie möchten, verabreden Sie sich immer mal wieder mit Ihrer Trauer, so wie Sie es in einer guten Freundschaft auch regelmäßig tun. Gehen Sie in diesen Momenten auf Ihre Trauer ein und hören Sie ihr im übertragenen Sinne zu. Nach Ihrem Treffen gehen Sie zurück in Ihr Leben, das auch weiterhin gelebt werden möchte.

16. Das Erbe bewusst gestalten

Ein Perspektivwechsel:
Das Nachdenken über unser Erbe ist ein Weg, unser Leben sinnvoll zu gestalten. Wir alle hinterlassen etwas – bewusst oder unbewusst. Doch was passiert, wenn wir dieses Erbe aktiv gestalten, anstatt es dem Zufall zu überlassen? Was bleibt von uns, wenn wir nicht mehr da sind, und wie können wir dafür sorgen, dass die Dinge, die uns wichtig sind, weiterbestehen?
Ein Erbe bewusst zu hinterlassen bedeutet, sich der eigenen Werte, Beziehungen und der Art und Weise, wie man das Leben anderer Menschen beeinflusst, bewusst zu werden. Es geht darum, über die eigenen Wünsche hinauszugehen und zu überlegen, welchen positiven Einfluss man auf die Welt und die nachfolgenden Generationen ausüben kann.

Ein gedanklicher Richtungswechsel

Auseinandersetzung mit der Endlichkeit

Eine bewusste Auseinandersetzung mit dem eigenen Erbe erfordert einen tiefgreifenden Richtungswechsel in unserem Denken. In unserer schnelllebigen, erfolgsorientierten Welt konzentrieren sich viele Menschen auf den Moment – auf kurzfristige Ziele und materielle Erfolge. Ein gedanklicher Richtungswechsel bedeutet, sich auf das zu konzentrieren, was über diese Ziele hinausgeht und bleibende Bedeutung hat.

Ein solcher Richtungswechsel erfordert oft eine Auseinandersetzung mit unserer eigenen Endlichkeit. Der Gedanke an den Tod und die Endlichkeit des Lebens kann für viele Menschen unangenehm sein, aber er kann auch eine Quelle der Motivation und Klarheit sein. Wenn wir uns bewusstmachen, dass unser Leben endlich ist, kann das zu einer tieferen Wertschätzung für das führen, was wirklich wichtig ist.

Akzeptanz der Sterblichkeit: Die Akzeptanz unserer Sterblichkeit kann ein kraftvoller Antrieb sein, um unser Leben bewusster zu gestalten. Wenn wir erkennen, dass unsere Zeit begrenzt ist, wird es einfacher, Prioritäten zu setzen und das Wesentliche vom Unwesentlichen zu unterscheiden.

Neue Lebensperspektive: Anstatt sich von kurzfristigen Erfolgen oder materiellen Dingen leiten zu lassen, kann ein solcher Richtungswechsel dazu führen, dass man sich mehr auf zwischenmenschliche Beziehungen, Werte und die langfristige Wirkung seiner Handlungen konzentriert.

Verantwortung übernehmen

Ein bewusster Richtungswechsel führt oft dazu, dass man mehr Verantwortung für sein Leben übernimmt. Dabei geht es nicht nur um persönliche Ziele, sondern um das größere Ganze. Welche Auswirkungen hat unser Verhalten auf andere Menschen? Welche Veränderungen in der Welt können wir bewirken?

Verantwortung für zukünftige Generationen: Ein bewusst hinterlassenes Erbe bedeutet, Verantwortung für die kommenden Generationen zu übernehmen. Das betrifft sowohl materielle als auch immaterielle Werte – von Umweltschutz bis hin zur Vermittlung von moralischen und ethischen Prinzipien.

Bewusste Entscheidung, ein Vorbild zu sein: Viele Menschen erkennen, dass sie, bewusst oder unbewusst, Vorbilder für andere sind. Indem man sich über sein eigenes Verhalten und seine Werte klar wird, kann man ein Vorbild für andere sein und so indirekt Einfluss auf das Erbe nehmen, das man hinterlässt.

Was kann über den Tod hinaus wirken?

Wenn wir über unser Erbe nachdenken, erkennen wir, dass es nicht nur um das geht, was wir materiell hinterlassen, sondern auch um die immateriellen Werte, die wir durch unser Leben weitergeben. Die wichtigsten Aspekte des Erbes, die über den Tod hinaus wirken, lassen sich in mehrere Kategorien einteilen: Weisheiten, Taten, Erinnerungen, Ideen und materielle Werte.

Weisheiten – das Vermächtnis unserer Erfahrungen

Weisheiten sind eine der wertvollsten Formen des Erbes, weil sie zeitlos sind. Sie können Generationen überdauern und den Menschen, die sie annehmen, helfen, ihr eigenes Leben besser zu verstehen und zu gestalten.

Lebensweisheiten als Führung: Die Lehren, die wir im Laufe unseres Lebens weitergeben, können eine unsichtbare Führung für andere sein. Diese Weisheiten können sowohl in alltäglichen Ratschlägen als auch in tieferen philosophischen Überzeugungen liegen.
Weisheit durch Lebensführung: Oft werden Menschen durch die Art, wie sie ihr Leben führen, zu einem lebenden Vorbild.

Sie hinterlassen ein Vermächtnis, indem sie durch ihre Taten Weisheit demonstrieren. Ein Beispiel hierfür wäre jemand, der ein Leben in Güte und Mitgefühl führt, ohne jemals bewusst Weisheiten zu predigen, aber durch sein Verhalten anderen zeigt, wie ein erfülltes Leben aussehen kann.

Taten – bleibende Auswirkungen auf die Welt

Taten sind oft die kraftvollsten Bestandteile eines Erbes. Was wir tun, hat oft nachhaltigere Auswirkungen als das, was wir sagen. Viele große Persönlichkeiten haben durch ihre Taten die Welt verändert, und diese Veränderungen bestehen noch lange nach ihrem Tod.
Gemeinnützige Arbeit: Ein Mensch, der Zeit und Energie in gemeinnützige Arbeit investiert, hinterlässt nicht nur in den Menschen, denen er hilft, Spuren, sondern trägt auch dazu bei, dass die Welt ein besserer Ort wird. Diese Art von Erbe kann sich durch die Menschen, die inspiriert werden, fortsetzen und weiterverbreiten.

Beziehungen und zwischenmenschliche Taten: Die Taten, die oft am tiefsten wirken, sind jene, die im persönlichen Kontakt geschehen. Ein Akt der Freundlichkeit, des Mitgefühls oder der Unterstützung kann das Leben eines Menschen für immer verändern. Solche Taten bleiben als Erinnerungen und Vorbilder in den Herzen derjenigen, die sie erlebt haben.

Erinnerungen – das unsichtbare Erbe in den Herzen der Menschen

Erinnerungen sind eine der direktesten Formen des Erbes. Sie sind eng mit den persönlichen Erlebnissen und Momenten verbunden, die wir mit anderen Menschen geteilt haben. Diese Erinnerungen können über Generationen weitergegeben werden, vor allem in Familien oder engen Freundeskreisen.

Familienerinnerungen: Viele Menschen hinterlassen ihr Erbe durch die Geschichten und Erinnerungen, die in ihrer Familie weitergetragen werden. Diese Erinnerungen helfen zukünftigen Generationen, ein Gefühl der Verbundenheit und Kontinuität zu erfahren.

Gemeinschaft und Freundschaft: Auch außerhalb der Familie hinterlassen wir Spuren in den Menschen, mit denen wir unsere Zeit verbracht haben. Freundschaften, berufliche Beziehungen und Gemeindemitglieder tragen oft eine positive Erinnerung an jemanden weiter und teilen diese Erinnerungen mit anderen.

Ideen – das geistige Erbe, das Generationen inspiriert

Ideen können sich ausbreiten und die Welt verändern, auch lange nachdem derjenige, der sie ursprünglich hatte, nicht mehr da ist. Sie können durch schriftliche Werke, Kunst oder mündliche Überlieferung weitergetragen werden.

Kreative und intellektuelle Beiträge: Viele Menschen, die im Laufe ihres Lebens neue Ideen oder kreative Werke erschaffen haben, hinterlassen ein geistiges Erbe, das andere inspiriert. Schriftsteller, Künstler, Wissenschaftler und Denker haben die Welt durch ihre Werke beeinflusst und tun dies weiterhin, auch lange nach ihrem Tod.

Werte und Prinzipien: Werte wie Ehrlichkeit, Gerechtigkeit oder Mitgefühl sind ebenfalls Ideen, die von Generation zu Generation weitergetragen werden. Wenn jemand diese Werte in seinem Leben verkörpert, hinterlässt er ein Erbe, das andere inspiriert, ähnliche Prinzipien zu leben.

Materielle Werte – das greifbare Erbe

Materielle Werte spielen ebenfalls eine Rolle, wenn es um das bewusste Erbe geht. Sie sind jedoch oft weniger bedeutend als immaterielle Aspekte. Dennoch können sie wichtige Möglichkeiten bieten, den nachfolgenden Generationen zu helfen oder Organisationen zu unterstützen, die einem am Herzen liegen.

Vermächtnisse und Spenden: Viele Menschen entscheiden sich, ihr materielles Erbe in Form von Vermächtnissen oder Spenden an gemeinnützige Organisationen oder Projekte zu hinterlassen. Auf diese Weise tragen sie zu einer langfristigen Unterstützung von Anliegen bei, die ihnen am Herzen liegen.
Hinterlassenschaft von Eigentum: Die Übergabe von materiellen Werten an die eigene Familie oder andere nahestehende Menschen ist eine traditionelle Form des Erbes. Hier kann es nicht nur um finanzielle Unterstützung gehen, sondern auch um die Weitergabe von wertvollen Erinnerungsstücken oder Gegenständen, die eine tiefere Bedeutung haben.

Zusätzliche Aspekte des bewussten Erbes

Mentorship und Bildung:

Einer der wichtigsten Wege, auf denen jemand sein immaterielles Erbe hinterlassen kann, ist durch die Weitergabe von Wissen und Erfahrung. Als Mentor oder Lehrer kann man einen enormen Einfluss auf das Leben anderer haben und durch diese Weitergabe von Wissen dazu beitragen, dass Ideen, Werte und Prinzipien über Generationen hinweg weitergegeben werden.

Gesellschaftlicher Einfluss:

Manchmal ist es nicht nur das direkte Vermächtnis, sondern die Teilnahme an gesellschaftlichen Bewegungen, durch die jemand ein Erbe hinterlässt.

Menschen, die sich für **soziale Gerechtigkeit, Umweltbewusstsein oder andere wichtige gesellschaftliche Themen einsetzen**, hinterlassen durch ihre Teilnahme und ihr Engagement ein Erbe, das in der Gemeinschaft fortbesteht. Diese Menschen tragen dazu bei, kollektive Veränderungen herbeizuführen, die über das eigene Leben hinausreichen und zukünftige Generationen beeinflussen.

Beteiligung an Bewegungen und Aktivismus:

Wenn man Teil einer sozialen Bewegung ist oder sich aktiv für bestimmte Rechte oder Veränderungen in der Gesellschaft einsetzt, kann dies ein bleibendes Erbe sein. Viele Aktivisten und Gemeinschaftsführer haben durch ihre Arbeit historische Veränderungen bewirkt, die das Leben vieler Menschen beeinflussen.

Nachhaltige Projekte:

Wer in seinem Leben Projekte anstößt, die darauf abzielen, die Welt besser zu hinterlassen, als man sie vorgefunden hat, trägt zu einem langfristigen Erbe bei. Dies kann in den Bereichen Umweltschutz, Bildung oder soziale Gerechtigkeit geschehen.

Die bewusste Gestaltung des sozialen und emotionalen Erbes

Neben materiellen und geistigen Werten gibt es auch das soziale und emotionale Erbe, das oft vernachlässigt wird, aber von tiefer Bedeutung sein kann. Es geht darum, wie wir Menschen emotional berührt, Beziehungen aufgebaut und Unterstützung geboten haben.

Emotionale Unterstützung und Bindungen: Oftmals bleibt das emotionale Erbe, das man anderen hinterlässt, das beständigste. Menschen erinnern sich an die emotionale Unterstützung, die sie von einem erhalten haben, an die Zeit, die man ihnen gewidmet hat, und an die Liebe oder das Mitgefühl, das man ihnen entgegengebracht hat. Diese Bindungen hinterlassen tiefe Spuren in den Herzen der Menschen, die oft noch lange nach dem Tod eines Menschen weiterwirken.
Vermittlung von Vergebung und Versöhnung: Ein weiterer Aspekt des sozialen Erbes ist die Fähigkeit, in Konflikten Vergebung und Versöhnung zu suchen und diese Werte zu vermitteln. Menschen, die es schaffen, zerbrochene Beziehungen zu heilen oder Frieden zu stiften, hinterlassen oft ein Erbe der Liebe und Harmonie, das von Generation zu Generation weitergegeben werden kann.

Die Rolle von Familie und Gemeinschaft

Für viele Menschen ist die Familie der zentrale Ort, an dem das eigene Erbe gelebt und weitergegeben wird. Aber auch die Gemeinschaft, in der man lebt, spielt eine wichtige Rolle in der Gestaltung dessen, was von einem bleibt.

Familienwerte und Traditionen: Traditionen und Werte, die in der Familie weitergegeben werden, sind eine der beständigsten Formen des Erbes. Es geht hier weniger um materielle Besitztümer, sondern vielmehr um Rituale, Überzeugungen und moralische Werte, die eine Familie prägen und über Generationen hinweg weitergegeben werden.

Gemeinschaftlicher Einfluss: Menschen, die sich in ihrer Gemeinschaft engagieren, hinterlassen auch dort Spuren. Ob durch ehrenamtliches Engagement, Nachbarschaftshilfe oder die Gründung von Projekten – der Einfluss auf die Gemeinschaft ist oft spürbar und kann noch lange nach dem eigenen Ableben weiterbestehen.

Die bewusste Entscheidung für das Hinterlassen eines positiven Erbes

Das bewusste Hinterlassen eines Erbes erfordert oft eine aktive Entscheidung, nicht nur passiv durch das Leben zu gehen, sondern gezielt zu überlegen, welche Werte, Ideen und Handlungen man weitergeben möchte. Dies kann in vielen Formen geschehen, von persönlichen Entscheidungen bis hin zu großen Lebensprojekten.

Bewusste Reflexion und Planung: Viele Menschen kommen erst in späteren Lebensphasen zu der Erkenntnis, dass sie sich aktiv mit der Frage ihres Vermächtnisses auseinandersetzen möchten. Das bewusste Nachdenken über das eigene Erbe kann zu tiefergehenden Reflexionen führen, welche Prioritäten man im Leben setzen möchte.

Festhalten von Lebensgeschichten: Eine praktische Möglichkeit, das eigene Erbe zu hinterlassen, besteht darin, seine Lebensgeschichten, Erfahrungen und Weisheiten schriftlich festzuhalten. Viele Menschen verfassen Memoiren oder Lebensrückblicke, um zukünftigen Generationen Einblicke in ihre Erfahrungen und Überzeugungen zu geben.

Die Bedeutung von kleinen Gesten

Es sind nicht immer die großen Taten, die das bedeutendste Erbe hinterlassen. Manchmal sind es die kleinen, scheinbar unbedeutenden Gesten, die das Leben anderer verändern und in Erinnerung bleiben.

Kleine Freundlichkeiten und Gesten der Menschlichkeit: Ein freundliches Wort, eine unterstützende Geste oder ein Moment der Aufmerksamkeit können für die Menschen, die dies erfahren, eine bleibende Bedeutung haben. Viele Menschen erinnern sich an einfache, aber bedeutende Momente, die ihr Leben nachhaltig beeinflusst haben.

Ein Erbe der Menschlichkeit: Jemand, der bewusst versucht, in jeder Situation menschlich und mitfühlend zu handeln, kann auf diese Weise ein Erbe der Menschlichkeit hinterlassen. Dieses Erbe lebt in den Menschen weiter, die inspiriert wurden, ähnliche Handlungen auszuführen und diese Werte weiterzugeben.

Verankerung in Spiritualität und Glauben

Für viele Menschen spielt der Glaube oder eine spirituelle Sichtweise eine wichtige Rolle beim Nachdenken über das eigene Erbe. Spirituelle Überzeugungen können sowohl das eigene Verständnis von Sterblichkeit als auch die Bedeutung des Hinterlassens beeinflussen.

Spirituelles Erbe: In vielen Kulturen und Glaubensrichtungen wird das Erbe auch als spirituelle Weitergabe betrachtet.

Das können nicht nur Glaubensüberzeugungen sein, sondern auch Rituale, Traditionen und spirituelle Praktiken, die an nachfolgende Generationen weitergegeben werden.
Über den Tod hinaus weiterwirken: Spirituell denkende Menschen sehen das Leben oft als Teil eines größeren Ganzen. Für sie kann das eigene Erbe bedeuten, über den Tod hinaus eine Verbindung zu schaffen – sei es durch Gebete, Meditationen oder andere spirituelle Praktiken, die das Andenken an die Verstorbenen wachhalten.

Fazit

Das bewusste Hinterlassen eines Erbes ist eine Entscheidung, die nicht nur das eigene Leben prägt, sondern auch weit über den eigenen Tod hinaus Auswirkungen hat. Es erfordert Reflexion, Planung und den Wunsch, positive Spuren in der Welt zu hinterlassen. Ob durch Weisheiten, Taten, Erinnerungen, Ideen oder materielle Werte – jeder Mensch hat die Möglichkeit, auf seine eigene Weise ein Vermächtnis zu gestalten, das andere inspiriert und das Leben anderer verbessert.
Indem man sich dieser Verantwortung bewusst wird und sie annimmt, kann man das eigene Leben mit einer neuen Tiefe und einem größeren Sinn füllen. Es geht nicht nur darum, was man erreicht, sondern auch darum, wie man lebt und welche Werte man vermittelt. Auf diese Weise kann das eigene Erbe zu einem Spiegel des Lebens werden – einem Vermächtnis, das den Kern dessen widerspiegelt, was einem im Leben wirklich wichtig war.

17. Schlussgedanke

Der Tod ist ein natürlicher Teil des Lebens, auch wenn viele Kulturen dazu neigen, ihn zu verdrängen. Sich auf den Tod vorzubereiten – sei es unser eigener oder der einer nahestehenden Person – ermöglicht es uns, den Tod weniger als tragischen Endpunkt zu betrachten, sondern als Teil eines größeren Lebenszyklus. Durch Vorbereitung können wir Frieden mit dem Unvermeidlichen finden und lernen, die Zeit, die uns bleibt, bewusst zu nutzen.

Akzeptanz der Vergänglichkeit

Die Konfrontation mit der Vergänglichkeit des Lebens kann beängstigend sein, doch sie kann auch ein Gefühl der Freiheit und des Friedens bringen. Wer den Tod als unvermeidlichen Teil des Lebens akzeptiert, lebt oft bewusster und intensiver. Diese Akzeptanz ermöglicht es uns, das Leben in seiner vollen Fülle zu erleben, ohne von der Angst vor dem Ende gehemmt zu werden.

Indem wir den Tod in unser Leben integrieren und uns bewusst mit unserer eigenen Sterblichkeit auseinandersetzen, lernen wir, unsere Zeit sinnvoll zu nutzen. Es geht nicht darum, den Tod zu romantisieren oder zu verharmlosen, sondern darum, ihn als natürlichen Teil des Lebens zu betrachten. Dies kann uns helfen, die Angst vor dem Tod zu mindern und mehr Frieden in unserem täglichen Leben zu finden.

Der Tod als Lehrer des Lebens

Der Tod kann uns viel darüber lehren, wie wir unser Leben gestalten sollten. Wenn wir uns bewusst auf die Endlichkeit des Lebens vorbereiten, beginnen wir ggf. unsere Prioritäten neu zu ordnen. Plötzlich erscheint es vielleicht weniger wichtig, materielle Güter anzuhäufen oder gesellschaftlichen Erwartungen zu entsprechen. Stattdessen rückt die Qualität unserer zwischenmenschlichen Beziehungen, das Streben nach Erfüllung und die Wertschätzung des gegenwärtigen Moments in den Fokus.
Die Vorstellung, dass der Tod uns lehren kann, besser zu leben, ist in vielen Kulturen tief verwurzelt.

Der Tod kann als Wegweiser betrachtet werden, der uns dazu auffordert, uns auf das Wesentliche zu konzentrieren, um das Leben bewusster wahrzunehmen.

Schaffen Sie „Augenblicke für die Ewigkeit“!

Buchempfehlung

Trauerpsychologie, Dr. Thomas Schnelzer,
Fachverlag des deutschen Bestattungsgewerbes

Was bleibt wenn wir sterben, Louise Brown,
Diogenes Verlag

Besser fühlen, Dr. Leon Winterscheid,
Rowohlt Verlag

Nachsatz

Beim Schreiben dieses Buches haben wir versucht, die aktuellsten Information und Fakten zum Thema Trauer, Trauerpsychologie und Trauerforschung zu verwenden. Doch trotz aller unserer Bemühungen sind Fehler menschlich und unvermeidlich und so kann das Buch Fehler enthalten. Darüber hinaus entwickelt sich die Forschung auch im Bereich der Emotionen, Gefühle und neuersten Technologien immer weiter und derzeit sogar besonders rasant. Wir sind Ihnen deshalb dankbar, wenn Sie dieses Buch auch mit dem Bewusstsein lesen, dass in der Wissenschaft nichts unverrückbar festgelegt sein darf und deren Erkenntnisse immer wieder kritisch überprüft und angepasst und zuweilen sogar überholt und verworfen werden müssen. Sollten Sie einen Fehler entdecken, schreiben Sie uns bitte an:
info@freirede.de

Wichtiger Hinweis/Haftungsausschluss

Dieses Buch wurde mit großer Sorgfalt und Mitgefühl verfasst, um hilfreiche Anregungen im bewussten Umgang mit der Endlichkeit und mit trauernden Personen zu geben sowie den Prozess des Abschiednehmens zu begleiten. Die darin enthaltenen Informationen und Tipps sollen Unterstützung bieten, ersetzen jedoch keine professionelle Therapie oder psychologische Beratung.

Jeder Mensch durchläuft Trauer auf seine eigene, einzigartige Weise und die hier aufgezeigten Ansätze können unterschiedlich wirken. Wir möchten betonen, dass die Anwendung der vorgeschlagenen Methoden nicht in allen Fällen zu den gewünschten Ergebnissen führen muss.

Sollte die Trauer besonders belastend oder überwältigend sein, empfehlen wir ausdrücklich, professionelle Hilfe in Anspruch zu nehmen. Die Autorinnen können für individuelle Ergebnisse oder eventuelle negative Auswirkungen der hier beschriebenen Ansätze nicht haftbar gemacht werden.

Über die Autorinnen

Katja Caspari ist eine erfahrene freie Rednerin. Zudem ist sie professionelle Hörbuchsprecherin. Aufgrund ihrer fundierten systemischen Ausbildung hat Katja Caspari ein tiefes Verständnis für die emotionalen und psychologischen Aspekte des Abschieds.

Katja Kirchner begleitet als erfahrene freie Rednerin Menschen in Momenten des Abschieds. Darüber hinaus ist sie professionelle Sprecherin für Hörbücher.

Gemeinsam führen die Autorinnen FreiRede, eine Agentur für freie Reden und leiten die FreiRede Akademie, an der sie freie Redner und freie Rednerinnen ausbilden.

Mehr Informationen unter www.freirede.de.